スポーツの
「あたりまえ」を
疑え！

―スポーツへの多面的アプローチ―

田島良輝
神野賢治

編著

晃洋書房

はじめに

◆ はじめまして

　田島良輝といいます．私は大学の教員をしていまして，今回一緒に書いてくれた共著者のみなさんも大学で教鞭をとっている方々です．私たちの担当する講義科目は「スポーツ社会学」（および，それに隣接する科目）．ということもあり，この本を執筆するにあたって，いつも講義を聴いている学生の顔を思い浮かべながら，「どうすれば彼・彼女らの心に響く本になるのかな」ということを一番に考えて書きました．

　とはいえ，なのか，だからこそ，なのかは分かりませんが，本書は社会学の概念や理論を用いた専門性の高い本としてではなく，**社会学的な見方**でスポーツを考えた本として完成するに至りました．ですから，スポーツを学びたいという高校生から，ひょっとすると「なんかスポーツって，体育会的なのって苦手だな」という社会人の方まで，幅広い読者層に興味をもっていただける内容へ仕上がったのではないかと思っています．

◆ 社会学的な見方って？

　ところで，社会学的な見方と言われてもピンとはこないですよね．いったい，どんな視点のことをいうのでしょうか．これは意外と難問で，私も共著者の先生と話し合ったり，社会学の入門書を紐解いてみたり，はたまた 25 年前の学部生時代に受講した「スポーツ社会学」の授業ノートを読み返してみたり，と一生懸命考えてみました．その結果，辿り着いたのは「あたりまえを疑う」というシンプルな答えでした．

本書の構成は，"ジェンダー"をテーマにした「男女平等なスポーツは実現可能か？ ──男性文化としてのスポーツとジェンダー──」(Chapter 1) からスタートをします．冒頭から「男性の方が女性より身体能力が高い」という「あたりまえ」への揺さぶりがはじまります．

つづく Chapter 2 と Chapter 3 では，「生涯スポーツから豊かなスポーツライフへ ──学校体育再考──」(Chapter 2)，「運動部活動のミカタ」(Chapter 3) と "教育" の観点から体育およびスポーツの違いや，そのあり方を考えていきます．

"競技スポーツ"の現場でも，「あたりまえ」を疑う必要があることを Chapter 4「日本のアスリート育成環境を考える ──脱・ガラパゴス化にむけて──」は教えてくれます．いよいよ来年（本日，ちょうど開催 1 年前の 2019 年 7 月 24 日！）は東京オリンピックの開催です．世界と戦うためにはトレーニングや技術の向上だけではなく，学校部活動を中心とした日本のアスリート育成システムや国民体育大会をはじめとした各種大会の開催方式といった環境面の課題改善の必要性についても（前向きな）批判の目を向けています．

トップアスリートの活躍は，私たちに大きな感動を与え，社会を大いに盛りあげます．ただ，スポーツは決してそれが上手な人，得意な人だけのために存在するわけではありません．「苦手だけど，スポーツって良いよね」という人（実践者，ファン，支援者）を増やすことは，これからスポーツ界が目指すもうひとつの目標だと考えます．これまでの地域スポーツクラブのイメージや捉え方に風穴を開ける「地域スポーツクラブが拓く地域の未来 ──総合型地域スポーツクラブ──」(Chapter 5) とスポーツの持つ多面的な力を探った「スポーツによるまちづくり──住民の "成長 "にみる地域活性化のプロセス ──」(Chapter 6) は，いずれも私たちの生活とスポーツをしっかりと紐づけたうえで，その可能性を論じています．

Chapter 7 の「甲子園のヒーローのつくり方 ──変わりゆくメディアとスポーツのかかわりのなかで──」は，テレビで描かれる高校野球の物語構造の

分析やネタ化するスポーツ視聴や観戦の傾向を示すことで，私たちは本当にスポーツをみているのかを問うています．

　そして，最終章「スポーツの楽しさをめぐって ──日常と非日常を分かち，つなぐスポーツ──」（Chapter 8）は，私たちは何のためにスポーツをするのか，この根源的な問いに迫る刺激的な内容になっています．

　本書で論じられた対象やテーマは多様なものではありますが，いずれの章においてもその切り口は「スポーツの「あたりまえ」を疑う！」という視点で貫かれていることが，以上の構成からもご理解いただけたのではないでしょうか．

◆ あたりまえを疑う，その先にあるもの

　では，何のために「あたりまえ」を疑うのでしょうか．「あたりまえ」を疑う，その先にあるものは，何なのでしょうか．

　「社会学者」の古市憲寿は，「社会学の持つ「あり得たかもしれない社会や自分を構想する力」に魅力を感じている」[古市 2016：313] と述べました．今，目の前に起きていることを「あたりまえ」として受け入れるのではなく，「あたりまえ」を疑うことによって，今とは違う別の未来を提示することができる（＝つまり，変えたい何かをみつけることができること）と私は解釈をしました．

　「スポーツの世界を変えたいと思う人，何かを変えたいという思いがある人を応援する」これが先輩が所属していたスポーツビジネスゼミの教育方針だと教えてもらったことがあります．実は私，この考えに感銘を受け，翌年のゼミから同様の方向性で学生指導に取り組んできました．ただ，実際に取り組んでみると，この「変えたい何か」「変えたい思い」をもちえている学生は決して多くないという現実に直面しました．そして，この「変えたい何か」をみつけることは学生にとって，簡単なことではないこともわかってきました．

　そんな「変えたい何か」をみつけるための第 1 歩．それが社会学的な見方で

のアプローチだと，私は考えています．スポーツを愛する学生のみなさん！スポーツの未来を切り拓くためにも，まずはスポーツの世界の「あたりまえ」を疑うことからはじめてみませんか．

2019（令和元）年7月

執筆者を代表して

田 島 良 輝

参考文献

古市憲寿［2016］『古市くん，社会学を学び直しなさい！！』光文社．

CONTENTS

　はじめに

Chapter 1 ▶ 男女平等なスポーツは実現可能か …………… 1
　　　　──男性文化としてのスポーツとジェンダー──

1 》 スポーツを取り巻くジェンダー差　(1)
2 》 "体力"という神話　(3)
3 》 男性領域としてのスポーツ　(5)
4 》 女性のスポーツ参入　(8)
5 》 ゆらぐジェンダーの境界線
　　　──インターセックス・トランスジェンダー・身体の"標準"──　(12)
6 》 スポーツにおけるジェンダー平等とは？　(17)
7 》 スポーツのオルタナティヴ
　　　──スポーツか，あらたな身体活動か──　(20)

Chapter 2 ▶ 生涯スポーツから豊かなスポーツライフへ …… 25
　　　　──学校体育再考──

　はじめに　(25)
1 》 「体育」と「スポーツ」の違い
　　　──「体育」と「スポーツ」は，同じではない．──　(26)
2 》 学校体育とスポーツ
　　　──学習指導要領の変遷を手がかりに──　(29)
3 》 学校体育から豊かなスポーツライフへの可能性　(34)
　おわりに ──豊かなスポーツライフのその先へ──　(43)
　コラム1　海外スポーツ系大学のグローバル教育動向　(47)

Chapter 3 ＞ 運動部活動のミカタ ……………………………… 51

はじめに　（51）

1》 運動部活動の成立過程といま　（53）

2》 運動部活動の今日的な課題　（63）

3》 新しい運動部活動のあり方
　　――地域と学校を結ぶプラットフォームとしての運動部活動――　（68）

4》 運動部活動の未来に向けて　（71）

Chapter 4 ＞ 日本のアスリート育成環境を考える ……………… 75
――脱・ガラパゴス化にむけて――

1》 アスリートの育成と強化　（75）

2》 コーチングとトレーニングの国際比較　（82）

3》 アンチ・ドーピングの理念と活動　（90）

　コラム2　Ｊリーグの挑戦　（99）

Chapter 5 ＞ 地域スポーツクラブが拓く地域の未来 ………… 105
――総合型地域スポーツクラブ――

1》 地域の課題解決と総合型地域スポーツクラブ　（105）

2》 総合型地域スポーツクラブの現状と課題　（107）

3》 総合型地域スポーツクラブによる地域課題の解決　（118）

4》 総合型地域スポーツクラブはスポーツのクラブから
　　地域のクラブへ　（123）

Chapter 6 ▶ スポーツによるまちづくり ……………………… 127
──住民の"成長"にみる地域活性化のプロセス──

1》 "まちづくり"の見方とは　（127）
2》 プロスポーツとまちづくり　（128）
3》 スポーツ・ツーリズムとまちづくり　（136）
4》 学校運動部活動をはじまりとするまちづくりの可能性　（144）
5》 まちづくりにおけるスポーツの役割　（153）
　コラム 3　近代化と長寿社会　（157）

Chapter 7 ▶ 甲子園のヒーローのつくり方 ……………………… 161
──変わりゆくメディアとスポーツのかかわりのなかで──

1》 多様なメディア，変化するかかわり　（161）
2》 テレビはスポーツをどのように伝えているのか？　（164）
3》 ふたたび，"多様なメディア，変化するかかわり"　（180）

Chapter 8 ▶ スポーツの楽しさについて ……………………… 187
──日常と非日常を分かち，つなぐスポーツ──

1》 スポーツが楽しいとはどういうことか　（187）
2》 なぜスポーツが楽しくなくなるのか　（192）
3》 どうすればスポーツは楽しくなるのか　（197）
　コラム 4　身體運動文化としての祭り
　　　　　　──日本人はなぜ神輿を担ぐのか──　（205）

お わ り に　（209）

索　　　引　（215）

Chapter 1 男女平等なスポーツは実現可能か？
――男性文化としてのスポーツとジェンダー――

1 スポーツを取り巻くジェンダー差

(1) 女性スポーツの現状

　2016年夏，高校野球の甲子園大会でノック練習を手伝った女子マネージャーが，大会規定に違反するとしてベンチに下がらされたことをきっかけに，その「女子禁止」の規定をめぐって大きな議論を呼んだことは記憶に新しい．高校野球にも女子部門が存在してはいるが，競技は男女別で分離されており，また男子の甲子園大会に比するほどの大会が存在しないという格差のみならず，女子部員が練習を手伝うためグラウンドに足を踏み入れることすら禁止するという高校野球連盟の判断は，スポーツ以外の領域で進む男女差（ジェンダー差）解消の機運とのずれを浮き彫りにしたともいえる．結果として，翌年の大会からは，ヘルメットなどの安全対策を万全にすることを条件に，女子部員の練習参加が認められることになったが，この出来事は2010年代の現在ですら，スポーツにおけるジェンダー差が大きいことをあらためて世間に知らしめることになった．

(2) なでしこジャパンはサムライブルーより格下？

　一方，サッカーという競技に目を移すと，日本においては，その競技成績という面からみれば，女子代表であるなでしこジャパンはワールドカップ優勝，男子代表のサムライブルーは最高位でもワールドカップでベスト16であり，女子サッカーの方が優っているといえる．しかし，この事実をもって，日本の

2

サッカーでは男子より女子が上だと考える人は少ないだろう．実際のところ，ワールドカップ優勝後のなでしこジャパン人気について解説したある月刊誌の運営するサイト記事に，こうしたスポーツにおけるジェンダー差を象徴的に示した記述がある[1)]．「やはり人気は一過性？」と題された記事内では，ワールドカップ効果で試合の視聴率が一時的に上がった一方，実際の観客動員数は伸び悩んでおり，その理由として，サッカー誌編集者の言葉を借りながら以下のように述べている．

　　　「なでしこのプレーのレベルというのは，中学強豪校の男子チーム程度なんです．日ごろ，Ａ代表や欧州の強豪チームのプレーに触れているサッカーファンが，中学生レベルの試合なんて見ても楽しめるわけがないじゃないですか．」

記事中のコメントは，これを，なでしこジャパンそのものではなく「女子サッカーの構造的な問題」と結んでいる．

　ここには，私たちが一般的にとらわれがちなふたつの問題が集約されているといえるだろう．ひとつには，スポーツにおける優劣は，男女別に分けられたそれぞれのリーグや部門ごとに決まるのではなく，トータルで（男女を一緒に並べた上で）判断されるべきだ，という考え方，そしてふたつめは，同じスポーツで男女を較べたとき，女性はその身体パフォーマンスで男性に劣るのだから，スポーツの能力は男性の方が優位なのだ，という考えである．

　この考え方にしたがえば，男女別に分けられたサッカー・リーグで女子代表が優勝したからといって，必ずしも女性が男性を上回るとはいえない．また，サッカーに限らず多くのトップレベルのスポーツで記録やパフォーマンスを比較してみると，確かに男性が女性を上回ることがほとんどである．こうして，スポーツを通じて逆に男女の身体能力差があきらかになり，なおかつ「男性の方が身体能力に優れている」のだ，という神話が説得力を帯びてくることになる．記事内で述べられた「女子サッカーの構造的な問題」とはまさにこの身体

Chapter 1 ▶ 男女平等なスポーツは実現可能か？　3

差を指しており，これはそのまま「スポーツの構造的問題」と言い換えても差し支えないだろう．しかし，この考え方は正しいのだろうか．

⒉ "体力"という神話

そもそも，スポーツで問われる「身体能力」とはどのようなものか．次節で詳しく述べるが，現在盛んに行われている競技やメジャーなスポーツの多くで有利に働く身体の能力とは，実際には筋力を中心としたものである．近代スポーツはその発達の過程で，より速く，より高く，より強く，というオリンピック憲章にも謳われた要素を突き詰めてきたともいえ，これらを実現する上で重要なのが筋力であるといえるだろう．そして，この筋力を中心とした，私たちにとって最も身近な指標ともいえるのが「体力」という基準である．

体力が高いのは男女どちらか，と問われたとき，多くの人は男性と答えるだろう．事実，日本の統計でも男女の体力差は明白である．しかし，私たちがなんとなく科学的で中立的だと考えている「体力」の概念を今一度見直してみると，面白いことがあきらかになってくる．日本の教育では，義務教育の小・中学校から高校，あるいは大学に至るまで，学校において体力測定（体力テスト）が行われているが，その内容を見てみると，8項目中，筋力に関するものが実に7項目を占めているのがわかる（表1-1）．唯一の例外は「長座体前屈」であり，この項目のみが身体の柔軟性を測るものとなっている．

運動生理学やスポーツ科学の知見からいえば，身体組成上，筋量（特に上半身）は男性が女性を上回るため，筋力もまた男性が優位となる．ということは，現在実施されている体力テストとは，もともと筋量の多い男性にとって有利になるように設計された指標であるといえるだろう．一方，女性は男性より身体の柔軟性において優るとされているため，体力テストの中で女性が有利になるのは長座体前屈だけであり，実際の統計結果をみても，女性が男性のスコアを上回っているのはこの項目のみである．もし仮に体力テストの項目が，筋力中

表 1-1　体力の基準

Ⅰ	テストの対象 6 歳から 11 歳まで（小学校全学年）の男女児童
Ⅱ	テスト項目 握力 上体起こし 長座体前屈 反復横とび 20m シャトルラン（往復持久走） 50m 走 立ち幅とび ソフトボール投げ

出所）スポーツ庁 [2018]「新体力テスト実施要項（6 歳〜
11 歳対象)」より筆者作成.

心のものと柔軟性中心のもの 4 項目ずつに分けられていたならば，男女の体力
差はなくなるはずである．

（1）身体の力≠体力

いうまでもないが，本来，身体の力（あるいは身体能力）とは，筋力だけを指
すものではない．しかしながら，現在では身体の能力の多くが筋力，すなわち
体力と読み替えられてしまっている．飯田は，こうした「体力の筋力化」を歴
史的に考察し，体力テストの源流が戦時下における兵士の養成と，その予備軍
である男性国民の身体管理・増強施策の一環であったことを指摘している [飯
田 2000]．つまり，少なくとも日本における体力という概念は，意図的に身体
の能力の一部のみを切り取り，なおかつ男性の特質に合わせたものであること
が理解できる

また，「体力」に影響を与えるのは身体組成上の特性のみではない．熊安は
身体能力のジェンダー差を精査する中で，特に「ソフトボール投げ」の項目を
例に挙げ，体力テストで問われる動作自体が大きく環境の影響を受けている
──つまり，普段から野球などを経験する可能性の少ない女子生徒・学生は，
ソフトボールを遠く投げる，という動作の訓練を受けておらず，当然そのスコ

アが低くなる——という偏りを指摘した［熊安 2003］．これは，体力という要素に，筋力という身体組成の差のみならず，男女で期待されるものに対する社会差（＝ジェンダー差）が組み込まれていることを意味している．

さらに，国をまたいだもうひとつの例を挙げるならば「反復横とび」がその好例となるだろう．中国にも体力テスト（国家学生体質健康基準）が存在するが，その項目の中に反復横とびはない［片岡 2004：630］．ふたたび仮定ではあるが，もし中国出身の留学生が日本の学校ではじめて体力テストを受けることになったならば，その動作の経験がない反復横とびのスコアはおそらく低くなるだろう．結果として体力テスト全体のスコアも低くなるだろうが，果たしてその留学生の体力は低いといえるだろうか？　これは，日本と中国という異なる文化圏において，何が体力として求められているのか，という価値観の違いをあらわしている．

こうして考えてくると，まず「体力」という概念が非常に意図的に設計され，なおかつ男性優位な基準であることがわかる．なおかつ，そこには「身体の力」に何を求めるのか，ということに対する，地域や社会における差が反映されていることもわかるはずである．こうした，その社会で期待され，通用する価値観を言い換えるならば，それは「文化」であるともいえ，そうした意味では，ジェンダーも体力も「文化」としての産物だということができるだろう．さらにいえば，スポーツというものは，ここでみてきた体力（＝筋力）が優位に働くようにできている活動であり，体力と同様に，男性が優位となる文化だと考えることができる．それではなぜ，スポーツが男性優位の文化として成立してきたのであろうか．

∃　男性領域としてのスポーツ

（1）パブリック・スクールという男子校

現在でも，スポーツというものが男性的な領域とみなされたり，男女でいえ

ば男性に向いている活動として扱われる機会は多い．事実，メディアで目にするプロスポーツのほとんどは男性競技が中心であり，いまだ女性部門のないスポーツも多数存在する．では，このジェンダー間の不均衡はどのようにして生じたのだろうか．この疑問に答えるためには，スポーツの歴史をたどる必要がある．

　そもそも，現在，世界中で普及し親しまれている競技スポーツの多くは，19世紀半ば頃のイギリスを起源としている．それ以前，英語でいう"スポーツ"とは，気晴らしや娯楽，ゲームなどを指す幅広い概念であり，必ずしも激しい身体的活動をともなうものとは限らなかった．これが，サッカーやラグビー，陸上競技に代表されるような身体的競技に絞り込まれていくのは近代以降のことであり，そうした意味からすれば，現代のスポーツの多くは「近代スポーツ」であるともいえる．

　そして，こうしたスポーツの競技化・近代化に大きな役割を果たしたのが，教育機関である学校，特に当時のエリート養成機関でもあったパブリック・スクールであった．パブリック・スクールとは，イギリス特有の教育システムであり，もとは中世から続く教会付属の学校を源流としながら，近代を通じてイギリス的な上流階級であるジェントルマンを養成する代表的な機関として発達した．その特徴は，限られた階級の子弟が通うエリート校であり，8〜12歳くらいで入学して18〜20歳程度で卒業する中等教育機関という点に加えて，なによりも長子相続という当時のイギリス社会における男女格差を反映した，男子のみ入学可能な男子校であるという点にある．

　当時のイギリスでは，家督を継ぐことができるのは長男（男子）のみとされており，結果として教育を授ける必要があるのは男子だけであるという，ジェンダー化された教育観が一般的であった．こうした上流階級の男子のみが集うパブリック・スクールを中心に形成・維持されてきた近代スポーツが，男性の身体的な特質を前提に発達してきたことは当然であり，領域として，そもそも女性がスポーツをすることを想定せずに成立してきた完全な男性文化であると

もいえよう.

（2）健全なる魂は健全なる身体に宿れかし

　この時代，パブリック・スクールで発達したスポーツとは，後のサッカーやラグビーに繋がるフットボールなどのチームスポーツが中心であり，そこには，集団競技をつうじて役割分担や責任感，リーダーシップを学ぶという徳育的な目的があった．こうした，教育の一環としてスポーツを取り入れるという潮流は功を奏し，やがてイギリス中のパブリック・スクールに広まることになり，この極端なほど高まってゆくスポーツ熱は“アスレティシズム”とも呼ばれ，エリート教育に必須の要素と捉えられていくようになった.

　この時代はまた，進化論の登場によって伝統的なキリスト教的価値観が覆されていく時代でもあり，人間というものが「神の創った特別な存在」ではなく，より単純な生物から進化してきた動物にすぎないのだという新たな理解がもたらされた．この理解は同時に，人々に「進化と退化」という単純化された概念をも植え付け，動物の一種である人間もまた適者生存で進化していけなければ，退化によって滅んでしまう——大英帝国の白人男性が植民地や“劣った”有色人種を支配する根拠を失ってしまう——という怖れを抱かせることになる.

　当然ながら，こうした「生物としての人間の進化」を求める際に重視されたのが身体そのものであり，これを鍛え，健やかに保つものとして期待されたのがスポーツであったともいえる．現在まで続く，ギリシア由来の有名なモットー「健全なる魂は健全なる身体に宿れかし」はこの時期に英語圏で広まり，男性の身体的特質——つまり筋肉的な力——を鍛え，良き精神を宿らせる手段としてのスポーツを称揚することにつながった.

　こうして，一部の例外を除いて，女性が組織的にスポーツに親しむ機会は閉ざされたまま時代が進み，結果として，スポーツは男性に適した男性のものとして定着することになる．後に女性たちがスポーツに参入するようになってからも，同じ競技を行えば自ずと男性のパフォーマンスが上回ることから，こう

したイメージが堂々巡りに強化され，逆に，男性が有利になるように作られて
きたというスポーツの起源が漂白されてしまったともいえるだろう．

4　女性のスポーツ参入

（1）スポーツのアメリカ化とタイトルIX

　イギリスで発達したスポーツは，長らく上流階級的な価値観を残し，排他的
な部分をもっていたが，これが現在のようにプロを頂点として商業化・メディ
ア化し，世界中に広まる大きな転機を作ったのはアメリカだといえる．イギリ
スからの移民が自由を求めて建設したアメリカは，封建的な階級社会であるヨ
ーロッパ世界と対比をなす，平等を指向した大衆社会であり，そのアメリカが，
かつての宗主国であるイギリスやヨーロッパの列強を上まわる世界の中心国に
なるにつれ，スポーツもまた，その中心をイギリスからアメリカへ移してゆく
ことになった．

　アメリカにおけるスポーツは，その初期には，エリート男性のみのものから
一般男性のものへと階級を超えて大衆化し，さらには，白人男性のものから黒
人や有色人種を含めた人種の壁を越える文化として発展してゆく．そして，当
然ながら男女というジェンダー差を超えて，女性のスポーツ参加の機会拡大が
図られていくのもまたアメリカであった．アメリカにおいても，当初，女性の
スポーツ参加は文化的・社会的にも制限され，好ましくないとの価値観が続い
ていたが，女性も参加しやすいようにと考案されたバレーボールや，身体接触
の少ないバスケットボール（どちらもアメリカ発祥のスポーツ）などを中心に，
徐々にその機会が開かれていくことになる．

　そして，アメリカにおいて，さらには後の世界における女性のスポーツ参加
促進にとって大きな転機となったのが「タイトルIX（ナイン）」の制定だといえ
るだろう．

　タイトルIXとは，1972年にアメリカ合衆国で施行された「男女教育機会均

等法」とも訳される法律であり，連邦政府から助成を受けているすべての教育分野において，男女格差を禁ずるものである．この法律は，学校教育における体育や課外活動としてのスポーツに大きな影響を及ぼすことになった．それまでのアメリカでは，小学校から大学に至るまで，スポーツや体育は男性中心であり，例えばスポーツ部活動は男子部のみしかない競技が多数であったり，体育教員やスポーツで奨学金を受ける学生の割合が男性に偏っていたりすることが通例であった．タイトルIXは，こうしたスポーツに参加する生徒・学生や教員の比率，部活の割合，体育授業数，奨学金の配分やスポーツ関連予算の配分など，すべてにおいて男女格差の是正を求め，それが著しく満たされない場合は助成を打ち切る可能性もあるという強制力のある法律であった．そのため，結果として多くの教育機関において，スポーツや体育分野への女性参加が進んだといえる．

（2）機会の平等？

　学校スポーツにおける男女格差が縮小したことは，徐々に社会全般における女性のスポーツ分野への進出を後押ししてゆくことにも繋がった．この時代，タイトルIXを可決に導いたのは，有色人種，特にアフリカ系アメリカ人たちが平等を求めて1950年代から継続してきた公民権運動や，女性の権利獲得を目指すフェミニズム運動など，人間の平等を目指して活動してきた種々の社会運動によるひとつの帰結ともいえ，これが男性領域であるスポーツの世界にまで及んだと考えることができるだろう．

　実際に門戸が開かれ，そのスポーツに参加する女性が増えることにより，多くの競技で考えられていた女性排除の理屈が，実際にはほとんど根拠のない思い込み——伝統や文化とも言い換えられる——であったことが，その実践によって覆されてきた．ボクシングもまたその典型例といえ，「女性が顔を殴り合うことなど好ましくない」という文化的価値観が，ながらく公式な女性部門の設立を妨げてきたが，こうした制約も現代に至っては解消し，競技として成立

している.[2)] ほかにも，特に英米を中心とした地域では，サッカーやラグビーを
はじめとして，もっとも男性的だと考えられてきたさまざまなスポーツにおい
ても女性競技団体やプロ組織の整備が進み，ジェンダー別に分離されていると
はいえ，ある意味では男女のスポーツ参加の機会に関する格差は急速に縮小し
つつあるといえる．これらは，いわばスポーツにおける女性の権利が，参加機
会の平等，あるいは量的な平等として進展してきた軌跡ともいえよう．

（3）競技原理の平等？

　しかし，さまざまな努力を通じて参加機会の平等が進みつつある一方で，ス
ポーツのジェンダー格差には，常にもうひとつの問題がつきまとう．それは，
第1節で挙げた「スポーツの構造的問題」としての身体能力差である．すでに
述べてきたように，スポーツが男性の身体的特質である筋力（＝体力）を活か
すように発達してきた以上，同じ競技を男女が行った場合，そのパフォーマン
スは男性が上回ることになる．これは当たり前の事実なのではあるが，日本に
おける「体力」が容易にその起源を脱色され，中立的な概念となってしまった
のと同様，スポーツにおいてもまたその起源は忘れられただけでなく，むしろ
スポーツ・パフォーマンスの差を男女の身体能力差の根拠とみなす，という逆
転が生じるまでに至っている．

　事実，この「スポーツで対戦すれば男が勝つのだから，女より男が身体的に
優れている」という考えは，特に肉体労働の比率が急激に減少し，仕事の場や
社会で男女を隔てる根拠が失われてゆく時代にあって，いまだ男性優位を保ち
たいと考える一部の保守的な男性（時には女性も）にとって，格好のエクスキュ
ーズとなり続けてきた．そして，アメリカで男女平等を求める機運が最高潮に
達するこの時期，あえてこの考えに基づいて女性スポーツ選手を挑発し，後に
"世紀の対戦" と呼ばれるテニス・マッチを呼び起こす男性選手が登場するこ
とになる．

（4）『Battle of the Sexes』（性をめぐる戦い）

　1970 年代は，公民権運動やフェミニズム運動の結果として，それまでアメリカ社会の中心であった白人男性の特権が徐々に減じられ，その地位も相対的に低下してゆくという時代であった．当然ながら，それに反発する人々も多く，男性の元テニス選手ボビー・リッグスもまたその一人であった．リッグスは，ウィンブルドン選手権優勝，全米選手権 2 度優勝の戦績を持つプロ・テニス選手であり，70 年代にはすでに引退していたが，テニスの大会における賞金の男女格差是正を求めて活動していた女性選手たちに挑発を繰り返し，結果的に1973 年，二度にわたる男女間の対抗試合を実現させることになる．特に，二度目のテニス・マッチは「Battle of the Sexes（性をめぐる戦い）」として全米の注目を集め，スポーツとジェンダーをめぐる歴史的な対戦ともなった．

　リッグスはまず，グランドスラム最多優勝・連続優勝，全豪・全仏大会最多優勝など数々の記録を持つマーガレット・コートを対戦相手に選び，結果としてストレート勝ちを収めた．この勝利に続いて，当時，女性最強選手と目され，なおかつテニス界の男女同権運動を率いていたビリー・ジーン・キングに挑戦を申し込み，同年 9 月 20 日，男女の性別を賭けた世紀の対戦が実現することとなる．この間，ボビー・リッグスは，両脇に若い女性たちを侍らせる姿を撮影させたり，あえて「男性主義者」と書かれた T シャツを着て登場するなど，さまざまなかたちでキングを挑発し，メディアもそれをこぞって放映したことから，この対戦はすでに世界的な関心を呼ぶイベントとなっていた．

　3 万人の大観衆とテレビ中継の見守るなか，ヒューストンで行われた試合は，6 – 4，6 – 4，6 – 3 でキングの圧勝という結果となり，世紀の対戦は女性であるビリー・ジーン・キングの勝利で幕を閉じることになった．この時点でリッグスは既に現役引退後の 55 歳であり，一方のキングは選手として絶頂期の29 歳であったことから，これをもって女性が男性を上回ったことにはならないという意見も多くあったが，いずれにしてもこの対戦がスポーツにおけるジェンダー差を再考する象徴的な一戦になったのは確かである．また，この試合

12

が結果的に女子テニスに対する興行的注目度と評価を高め，結果的にその地位向上に貢献したともいえる．この対戦は，2017年にアメリカで映画化されたことで，再び注目が集まっている．

しかしながら，この事例は，まさにタイトルIXの成立直後の時期に起こった象徴的なものであり，すべての競技でジェンダー差が覆される可能性があることを意味するものではない．テニス競技も，原理的には男性が有利になるものであり，この結果も，天才的な選手であるキングの特筆すべき偉業と捉えるべきで，スポーツ全体の成り立ちを考えたときに一般化できる事例とはいえないだろう．そうした意味で，この対戦の最大の意義は，「スポーツにおいて男女が対等になるとは何を意味するのか」という問いを，多くの人々に喚起させたという点，および，ジェンダーで分離されたあり方の限界の中で，女子テニスの地位向上に最大限の成果を上げることになった点にあったともいえる．

5　ゆらぐジェンダーの境界線
——インターセックス・トランスジェンダー・身体の"標準"——

（1）インターセックス／性分化疾患

「性をめぐる戦い」から45年を経た現在，確かにスポーツにおけるジェンダー上の機会の平等は，国や地域による差はあれども一定の進展をみているといえる．だが，競技原理の平等はといえば，ここには，ほぼ変化がないようにもみえる．これは，スポーツ競技と男女の身体条件（特性）自体に大きな変化がない以上，当然のことだろう．しかしながら，この期間を通じて新たな問題として浮上してきたのが，男女二元的でない身体特性を持った選手や，トランスジェンダーのスポーツ参加という課題である．

実際のところ，オリンピックなどの国際大会では1930年代から選手の性別検査（セックスチェック）が実施されてきた．これは，女性と偽って参加する男性選手や，生まれつき男性的な特質であるテストステロン（男性ホルモン）値な

どが高い女性選手を排除するために行われてきたものである．男性ホルモン値が高いと主に筋力で有利となるため，男女別で行われる競技の女性カテゴリーでは不当に有利になると考えられ，競技の公平性確保の観点から，現在に至るまで実施が続いてきた．しかし，こうした性分化疾患やインターセックス（両方の性の特徴をもつ）と呼ばれる特質は生まれつきのものであり，しかもその選手たちの多くは女性として生きてきたにもかかわらず，競技に際してはそのジェンダー（女性であること）を否定され，資格を剥奪されてしまうということに対して，人権の面からも多くの批判が続いてきた．

　現代では，南アフリカの陸上選手であるキャスター・セメンヤ選手の事例が記憶に新しい．彼女は，2009 年の世界陸上ベルリン大会で 800 m金メダルを獲得したのち，性別検査によって男性ホルモン値が平均的女性の 3 倍あるとの理由から一旦資格停止となった．この際，検査が本人に無断で行われていたことも問題になり，南アフリカ政府は抗議を行ったが，国際陸上競技連盟（IAAF）は，男性ホルモン値が一定基準を上回る場合，薬で抑えない限り女性として参加できないとの決定を下した．この結果，セメンヤ選手は続くロンドン五輪においては薬でテストステロンを抑えていたといわれ，結果は銀メダルに終わった．

　こうした IAAF の決定に対して，同じく男性ホルモン値が高いと判断されたインド女子 200m 走優勝者のデュティ・チャンド選手は，規定自体の妥当性をめぐってスポーツ仲裁裁判所へ提訴し，裁定の結果，この規定は一時中断されることになった．2016 年のリオ五輪において，セメンヤ選手が再び投薬なしに女子競技に参加し，金メダルを獲得することになったのは，この提訴の結果であるともいえる．しかし，この状況に対しては，一部の女性選手たちから大きな反感も呼び起こすことになった．

　陸上イギリス代表のリンジー・シャープは，BBC のインタビューで涙ながらに「「両性具有」の選手たちと戦うのは本当につらかった」し，「勝つのがとても難しくなった」と述べた［小林 2016］．

英紙ガーディアンに掲載された，レース後にほかの「両性具有の疑いのない」白人選手と抱き合うシャープ選手の姿とインタビューの言葉が暗示するのは，当然ながら，男性ホルモン過多の選手を女性として競技に参加させるのは不公平である，という感情だろう．

実のところ，現代において性分化疾患やインターセックスが問題になるのは，むしろ発展途上にある国や地域の人々とされている．医療環境や専門知識が整った先進国にあっては，出生の時点でこうした特質があきらかになりやすく，結果として治療などの対応が行われたり，あるいは曖昧な状態で性を即断せず，当事者の成長や自己認識などを考慮して性別決定に慎重になる結果，こうした問題が起こりにくい．そうであれば，こうした性の特質をめぐるスポーツの問題は，経済格差／南北格差の結果としての人種問題という側面をも含んでいるといえよう．

（2）才能（ギフト）？ それとも不公平？

国際陸上競技連盟は，スポーツ仲裁裁判所の裁定以降，一旦停止していた性別判断を 2018 年 11 月 1 日から再開し，男性ホルモン値が高い女性選手は投薬などで基準以下にしなければ国際大会に出場できない，との新規定を定めた．そしてこの理由を，女子の区分に公平で有意義な競争を保証するため，とした[3]．これによって，キャスター・セメンヤのような選手は今後，投薬なしに女性として競技する道を再び閉ざされてしまった．果たして，これはジェンダーの公平性を確保する判断だといえるのだろうか．

例えば，プロ・バスケットの NBA で活躍した中国人ヤオ・ミン（姚明）選手は身長が 229cm あり，これは東アジア系の人種の平均をはるかに逸脱している．しかも身長が高いことはバスケットボール競技で有利であるが，これをもって「たまたま平均より身長が高いから不公平だ」とはみなされない．また，オリンピックで 3 つの金メダルを獲得したクロスカントリースキー競技のエーロ・マンティランタ選手は，遺伝的な特異体質で血中のヘモグロビン濃度が高

く，持久力が有利に働くこの競技での成功に繋がったとされている．しかし，この"生まれながらの体質"は不公平とはされず，身長が高いことや筋力が強いという他の特質同様，生まれ持った"才能（ギフト）"として受け入れられてきた．

　では，なぜ同じ生まれながらの身体的特質であっても「男性ホルモン値」だけが問題にされるのか．ここには，これまで述べてきたように，完全に性別二元化された文化として発達してきたスポーツの限界をみることができる．男性が有利になるスポーツ競技の中にあって，女性がそのパフォーマンスを上げていくということは，その方向は，いずれ女性ジェンダーのカテゴリーを破って"上位"である男性ジェンダーの枠へ垂直に近づかざるを得ない．原理的にこうしたジェンダー差を内包してしまっているスポーツの枠内にあっては，これは解決不可能な問題でもある．さらにいえば，「筋力」とそれにつながる特定の分泌物（テストステロン）がすでに「男性的」と割り振られてしまっている以上，この原因と結果は堂々巡りでしかなく，その当事者である選手や競技者には為す術のない状況であるといえるだろう．

（3）トランスジェンダー──性のカテゴリーを亘る──

　スポーツで高い能力を発揮するこうした女性がさまざまな不利益を被る一方で，自らの性を変更して競技するトランスジェンダーの選手は，また別の状況に置かれている．例えば，女性から男性へ性別を変更（FtM）した選手の場合，オリンピックなどの規定では基本的に競技の参加資格に制約が設けられないことが多い．これは，もともと身体的に不利な女性から性別変更し，なおかつ上位カテゴリーである男性部門で競技する以上，是正すべき不公平がない，とする考えからである．トランスジェンダー（FtM）選手として初めてデュアスロン（2種競技）の米国代表となったクリス・モージャーは，この代表例といえるだろう．

　一方，男性から女性へ移行（MtF）したトランスジェンダーの場合は，上記

と逆の条件となり，「有利な男性的特質を制限しなければ不公平」との観念から，女性部門で競技するためには薬物などで男性ホルモン値を抑制することが求められている．現在，ハンドボールの女子オーストラリア代表であるハンナ・マウンシー選手は，こうした選手の一例である．マウンシーは男性であった2013年にもハンドボール男子代表として選出されたことがあり，身長190cm，体重100kgの恵まれた体格を活かしてオーストラリアン・フットボールの選手としても活躍していた[4]．しかし，ハンドボール女子代表としては受け入れられた一方，2018年度のオーストラリアン・フットボール女子リーグでは，「リーグの性質に加えて，トランスジェンダーの強じんさ，スタミナ，体格」を理由にドラフトから外れることとなった．

　また，なかにはMtFでありながら，競技では男性部門に参加したジャイヤ・サエルア選手（アメリカ領サモア）のような事例も存在する．サルエア選手は女性に性別変更した後も男子サッカーを続け，サモア男子代表としてワールドカップに出場した経験をもつ．こうした場合，元の身体が男性であるため男性区分で参加することは競技的には可能だが，MtFのトランスジェンダーの場合，性別移行に際してホルモン投与などを実施することが一般的であり，種々のドーピング規定との兼ね合い，および外見が女性である選手が男子チームに交ざる，ということに対する文化的なハードルなど，また別の困難に直面することになる．

　インターセックスや生来の身体的特質の場合であれ，トランスジェンダーのように後から性を変える場合であれ，スポーツの世界でジェンダーの問題がこれほど顕在化するのは，やはり，スポーツというものが現代まで残された数少ない身体そのものを用いてそのパフォーマンスの優劣を決する文化であるという点につきる．近代以降の社会は，徐々に身体そのものの価値を切り下げ，精神や知的活動の領域を広げてきたのであり，文化の領域でも身体そのものを中心に置くものはそれ程多くはない．私たちは，現代社会でスポーツが一身に担わされている，身体そのものの能力の証明という期待と神話が，それ自体妥当

Chapter 1 ＞ 男女平等なスポーツは実現可能か？　17

性を持たない架空の根拠として，ふたたび男女の身体差の意味づけに環流して
いくというこの堂々巡りに，常に意識的である必要があるだろう．

⑤　スポーツにおけるジェンダー平等とは？

　ここまで，スポーツというものの持つ男性性と，そこに女性が参入してゆく
ことの困難，および「女性／男性」というジェンダー・カテゴリーのゆらぎに
ついて考察してきた．ここであらためて問いたいのは，それではこうした条件
の中で，スポーツのジェンダー上の平等はいかに可能か（あるいは不可能か），と
いうことである．

　第 4 節で述べた「機会の平等」は，もともと男性部門しかなかったさまざま
な競技が今日では女性部門を有し，その多くがオリンピック種目にまで採用さ
れるというかたちで実現してきている．これは，近代スポーツというものが持
つ男性優位な条件の限界を踏まえた上で，男女別に分けて実践することをつう
じて，それぞれのスポーツの参加機会とパフォーマンスの公平性を担保しよう
とする試みであり，既存のスポーツを用いる以上，最も現実的な方向といえよ
う．しかしながら，これは同時に，スポーツの原理的な男性優位を温存するも
のでもある．

　もうひとつ，実際に行われてきた方法として，新体操やアーティスティッ
ク・スイミング（シンクロ），フィギュア・スケート[5]などに代表されるように，
あらたに“女性向け”の競技を開発することで，男女間の格差のバランスを縮
小してゆくという方策もある．これは，同じ競技の男女部門が存在する際，常
につきまとう男性＞女性というパフォーマンスの関係性を逆転，あるいは無化
する効果があり，「女性的」「男性的」競技で棲み分けながら，スポーツ競技・
種目を全体で捉えた上でのジェンダー平等に寄与するといえる．これは一見，
原理的な平等に近づく道ではあるが，その一方で社会が期待する（時には偏見で
もある）女らしさや女性性が過剰に競技に反映される懸念があり，しかもその

数や規模は，既存の男性的競技と比する割合には到底及んでいないという現状
がある．

（1）唯一，男女区別のないオリンピック競技

　こうした状況の中，例外的に男女混合でジェンダーの区分なく実施されてい
るオリンピック種目がある．それは馬術競技である．馬術は，人と馬とが一体
となって行う競技であり，いかに意図した通りに馬を操ることができるかを競
うものである．そうした意味では，騎手に求められる能力は，馬を理解し思い
どおりに動かす能力であり，原理的に男女差はないといえる（もちろん，馬術と
いう競技にアクセスできるような文化的環境や階級・経済の問題を考えれば，男性の参入が
有利になるという社会要因は無視できないが）．

　例えば，2012 年ロンドン五輪に出場した法華津寛選手は，当時 71 歳であり，
これはオリンピック出場最年長記録としても話題になった．多くのオリンピッ
ク種目では，高齢者が活躍することは困難であり，多くの場合，出場者は若い
選手で占められている．馬術において 70 代の選手が活躍できる背景には，他
の近代スポーツと比較して，馬術には相対的に高い体力（＝筋力）が求められ
ないという競技特性がある．この場合，「体力」を媒介として，高齢者と女性
の身体というものが，同じ問題系で繋がることがわかるだろう．

　つまり，若い男性の高い体力を基準にしてきた多くのスポーツとは異なる，
相対的に体力を必要としない競技が考案できれば，それはジェンダー差を超え
ることができるはずである．馬術がジェンダー差のない競技になっていった背
景には，おそらく階級——時に階級差はジェンダー差を超え得る——という別
の問題があるとしても，競技そのものの要素を考えたとき，ここには確かにス
ポーツとしての原理的な平等の可能性を感じることができる．

　もちろん，ジェンダー平等を考える上で馬術がすべての解決策になるわけで
はないし，動物を使用したスポーツを現在の「主流のスポーツ」の枠組みに含
めたとして，多くの人々に受け入れられるかという難しさもある．ただ昨今，

オリンピック運営委員会は競技のジェンダー特性を意識する傾向を強めているといわれており，事実として男女両部門で可能な競技を優先したり，あるいはeスポーツなど，男女の身体差が出ない新しい競技を参考競技として採用するなどの方向に動き始めている．

（2）近代スポーツの限界

多木浩二は，著書『スポーツを考える』において，近代の価値観とともに成立してきたスポーツというものが，女性の参加やジェンダー的平等を達成する上では「社会文化として欠陥がある」[多木 1995 : 106] と指摘している．これは非常に厳しい指摘ではあるが，前述してきたスポーツの成り立ちを考えれば，首肯せざるを得ないだろう．現実に，近代以降現代まで，男女という性やジェンダーのあり方は大きく変化してきた．また，社会におけるその役割もさまざまに更新され，少なくとも身体を根拠にするジェンダー差別や格差は容認することはできず，解消すべき課題であるというのが民主主義的な価値観の趨勢である．

さらに，従来では難しかった，生まれたときの身体の性と異なる性（ジェンダー）で生きてゆくという選択も，医療技術の発達だけでなく，ジェンダーが必ずしも固定的である必要はないという価値観の浸透によって，可能になってきている．こうした性をめぐる概念や社会の状況が変化してゆく一方で，スポーツは，その出自である近代の価値観をいまだに色濃く残し，その性別二元的な仕組みを固定的に維持し続けている．逆にいえば，スポーツは原理的には変化しない伝統文化として留まっており，時代とともに変化しているジェンダーに対応することができないでいるのだともいえる．

現代では，先のオリンピックの例だけではなく，例えば義務教育を含めた学校教育の体育では，その授業で用いられる教材の多くがスポーツであり，義務と強制を伴う公教育で，あらかじめ男女差が出るスポーツを用いることがはたして妥当なのか，という問いにも答える責任が増している．先に触れた書籍の

中で，多木がスポーツに代わるこれからの身体文化の可能性としてダンスを取り挙げたことは示唆的である．身体をメインに用いた活動でありながら，ある意味，スポーツ的な勝敗や条件の軛（くびき）から自由なダンスは，確かにジェンダー間の平等を考えた際には，非常に大きな選択肢となり得るだろう．そして現実に，2008 年から日本の中学校保健体育の学習指導要領において「ダンス」が必修化されたことは，まさに，こうした現代におけるスポーツの限界と制約に対して，教育が出したひとつの答えであったともいえよう．

1 スポーツのオルタナティヴ
──スポーツか，あらたな身体活動か──

（1）ゲーム・遊び化するスポーツ

　最後にもうひとつ，こうした文脈における大変興味深い事例として，毎年カナダの都市フェアバンクスで開催されている「ワールド・エスキモー・インディアン・オリンピック」を取り挙げたい．このワールド・エスキモー・インディアン・オリンピック（以下，WEIO と表記）とは，北米の先住民であるエスキモーやネイティヴ・アメリカンの伝統的な競技や文化を競う，一種の民族スポーツ大会である．

　ここで行われる競技は多岐に亘っており，例えば，鮭やアザラシをいかに早く正確に捌くことができるかという生活に根ざす技術を競うものや，民族舞踊といった文化的なものに加え，複数の人たちで一人の人間をなるべく高く跳ばすトランポリン競技や，上からつり下げられた毬状の的にジャンプして脚で触れる競技，片手で身体を支えながらもう片方の手で上にあるボールに触れる競技（ワンハンド・リーチ），輪になった紐をお互いの片耳にかけて引っ張り合う競技（イヤー・プル）（写真 1-1）など，イギリス起源の近代スポーツとは異なる価値軸の競技が多い．

　WEIO で行われる競技の大きな特徴としては，特に，バランス力を必要とす

写真1-1 イヤー・プル
出所）Wikimedia Commons, the free media repository より転載.
Date 18 July 2008, 15:16
Author Andrew Otto from San Francisco, USA
https://commons.wikimedia.org/wiki/File:Ear_pull.jpg

るものや，個人の身体の力のみでは達成できないもの，あるいはどれだけ痛みに耐えられるかを競うものなどが多く，ここで問われる身体の能力は筋力と同一視されておらず，必ずしも男女のジェンダー差が明確になるものではない．バランス感覚や痛みへの耐性も，人間の身体の力として大きな役割を果たすはずのものであり，時には女性が男性を上回る要素でもある．

　すでに，イギリス的な近代スポーツがあまりにも世界で一般化してしまっている現状からすれば，こうした民族スポーツや競技は，非常にローカルで特殊なものとして目に映ってしまうかもしれない．あるいは，現在の競技スポーツに較べると，一種の遊びとしての側面が際立って見える部分もあろう．しかしながら，日本をはじめ世界のさまざまな文化圏には，もともと地域に根ざした遊びやゲームが数多く存在してきたし，今も存在している．「身体を使った競技＝スポーツ」という思い込みを自明とせず，より複眼的に捉えることができれば，少なくとも現在スポーツが占めている特権的な身体の文化領域の一部を，別な可能性で代替することは可能なはずである．

　とはいえ，仮にこうしたオルタナティヴが想定できたとしても，それはすで

に"スポーツ"という概念で捉えられる範囲を超えるものかもしれない．また，慣れ親しんだスポーツと異なる身体活動を，いきなりスポーツと同様に楽しめるという層も，多数派ではないだろう．加えて，スポーツという文化がここまでグローバル化し，現代社会の価値観に組み込まれていること，また，すでにその文化を内面化し，それを通じて自己実現を目指す人々（スポーツに期待する人々）の規模を考えたとき，何か別の選択肢で一気にスポーツを置き換えるということは現実的とはいえない．

　こうした現状を踏まえた上で，スポーツとジェンダーの未来を語るならば，少なくともこのスポーツという文化のもつジェンダー特性（男性優位）を，スポーツに関わるすべての人々が最低限知識として知っておくことが重要であろう．つまり，スポーツによって男女差や体力差を語ろうとすることは，原因と結果の転倒した根拠のない試みであるということである．加えて，いくらスポーツが普遍化し，人気のある文化であるとしても，それを唯一の選択肢とすることを当たり前とせず，先に挙げたような選択肢が複数存在することを，特に学校や教育などジェンダー平等を学ぶ数少ない場において，継続的に示してゆくことが求められている．

　注─────────
1）「『やはり人気は一過性？』高視聴率なのに観客が入らない"なでしこジャパン"の構造的問題」『日刊サイゾー』2012.04.17（https://www.cyzo.com/2012/04/post_10393_entry.html，2019年1月4日閲覧）．
2）多くの競技で女子部門が設立される中，女子ボクシングが制度化されるのは比較的遅かった．一方で見世物としての女性ボクシングの歴史は古く，ここには実際に競技可能かどうかではなく，真剣なスポーツ（格闘技）としてのボクシングは女性に向いていない（行わせたくない）という競技のジェンダーイメージが強く作用してきたと考えるべきであろう．
3）「男性ホルモンの値で制限　国際陸連」『朝日新聞』2018年4月27日朝刊．
4）「性転換の元男子代表が女子で2度目世界選手権切符」『日刊スポーツ』2018年12月9日．
5）フィギュア・スケートはもともと男性的な競技とみなされていたが，20世紀以降，急速にそのジェンダーイメージが変化していった．あるスポーツ競技のジェンダー観が不変ではないことを示す，興味深い一例でもある．

参考文献

飯田貴子［2000］「「女は体力がない」にひそむセクシズム」，渡辺和子・金谷千慧子・女性学教育ネットワーク編『女性学教育の挑戦：理論と実践』明石書店.

片岡義則［2004］「中国学校体育における新たな体力・運動能力テストについて：「学生体質健康標準」の特色」，日本体育学会大会号（55 回大会），日本体育学会.

熊安貴美江［2003］「男女いっしょの体育は無理？：スポーツ・身体とジェンダー」，天野正子・木村涼子編『ジェンダーで学ぶ教育』世界思想社.

小林恭子［2016］「『両性具有』の南ア選手が残した課題：男性か女性かではない，『トランスジェンダー』というとらえ方はスポーツにも根づくか」『WEBRONZA』（https://webronza. asahi.com/business/articles/2016091600004.html，2016 年 09 月 22 日閲覧）.

多木浩二［1995］『スポーツを考える：身体・資本・ナショナリズム』筑摩書房.

（岡田　桂）

Chapter 2 生涯スポーツから豊かなスポーツライフへ
──学校体育再考──

はじめに

「何の先生ですか？」あるいは「何を教えているんですか？」と問われると，「体育です」や「体育やスポーツを教えています」と答えることが多い．相手の反応は，「えっ体育ですか？！」であったり「すごいですね．スポーツ（運動）得意なんですね！」「ご専門は？」と続く．そして「いやー，スポーツが好きなだけです（笑）」，「スポーツ社会学と体育科教育学です」と答えると，前者については納得顔される．しかし，後者の回答は相手が期待していたものとは違うことの方が多い．「競技（種目）は何をしていたんですか？」と問い直され「バスケットボールを10年ほど……」と自分が運動部活動で行っていた種目を答えると，相手は満足顔になる．

私たちは，多くの場合，小学校・中学校・高等学校の12年間，「体育」と呼ばれる授業を受けてきている．そして，その「体育」を教える教師，学ぶ児童・生徒がいることになる．多くの人々が，「体育を学ぶ」側であり，12年間という歳月をかけて「体育観」や「スポーツ観」が醸成されることとなる．冒頭のやりとりは，「体育」と「スポーツ」という用語が同義に扱われていることや「スポーツ＝する」というスポーツ観を示している．しかしながら，「体育」と「スポーツ」は歴史的・社会的背景を踏まえると同義ではない．また，スポーツは近年，「する」だけでなく「みる・支える・つくる・知る」といったかかわり方の広がりをみせている．

私たちと「体育」の関係は，上述したように多くの場合12年間におよぶ．

しかし，「体育」について何を知っているだろうか．そして，体育で「何が」教えられ，「何を」学んできたのだろうか．本章では，「体育」という教科の社会的な意味や変遷の背景について学習指導要領を手がかりに考えていきたい．

Ⅰ 「体育」と「スポーツ」の違い
── 「体育」と「スポーツ」は，同じではない． ──

「体育」という用語は，教育という制度における用語であり，具体的には学校で行われる教科の名称である．一方，スポーツはプレイであり文化である [島崎 1997：21]．日本では，学校教育がスポーツの指導や普及を一手に引き受けてきたという歴史的背景があり，体育とスポーツが同義に扱われる素地をつくりだしてしまった [出原 2010：20]．菊は，明治期に学校を中心に導入された「スポーツ」が，近代後進国である日本が近代国家を担うエリートを促成栽培する必要があった高等教育のあり方に大きく影響を与えたという．当初，スポーツは高等教育機関で教師を務めていた外国出身の教師や宣教師がメンターの役割を果たしながら教えられたものであった．そのモデルは，イギリスのパブリック・スクールにおいて生徒の楽しさ欲求を自ら充足しようとするスポーツへの「学習」の論理や需要の論理によってなされた「スポーツ教育」であった．ここでは，スポーツが教育の目的を達成する手段として用いられている側面もあるが，それ以上に，スポーツそのものの価値に重きをおき，生徒つまり学習者のスポーツを行いたい・楽しみたいという欲求を満足させながら，その楽しさを継続するために生徒自身が何をすればよいかを彼らにゆだねている点に特徴がある．楽しむために自らでルールをつくったり，ゲームでの安全や安心を自発的に確保するといった倫理的態度の創出がおのずと行われることになる．このような倫理的態度の醸成は，イギリス紳士が備えるべき資質や能力の一環であり教育的成果として評価された．つまり，スポーツへの自発的な楽しみを享受する学習モデルがパブリック・スクールでは機能していた [菊 2018：41]．

Chapter 2 ▶ 生涯スポーツから豊かなスポーツライフへ　27

　一方，日本では学校管理下でスポーツが教育の目的を達成する手段として位置づけられるモデルを形成してきた [菊 2018：42]．明治期の教科としての体育は，「体操」や「体術」という名称で随意科目（いわゆる選択科目）として位置づけられてきた．1900（明治 33）年以降，随意科目から必修科目へと位置づけが変わったが，内容については身体を合理的に操る術を身につける体操が主であった．野球や陸上競技，漕艇，水泳などのスポーツは，主に高等教育機関の課外活動として，パブリック・スクールでのスポーツ教育をモデルに学生の自治活動を基盤に発展していった．そして，明治 20 年代後半から 30 年代になると中学校においても，校友会に類似する団体が結成されはじめる．しかしながら，中学校へのスポーツの導入は，高等教育機関にみられた自発的・自治的な活動ではなく教員主導の活動であった．高等教育機関でみられた自治的な活動は，中学校にうまく継承されなかった [神谷 2015：12]．そこではスポーツ種目の学習に終始し，その教育的成果を試す場が競技会であり，競争を楽しむことから結果である勝敗に重きをおくスポーツのあり方が形成されてきた [菊 2018]．このようにいわゆる運動部活動として行われてきた「スポーツ」は，学校期という短い時間区分やトーナメント方式に代表される競技方法は，競争の過程を尊重するスポーツの文化的享受を実現するパブリック・スクールにみられたようなスポーツ教育本来の機能を欠落した形で生徒のみならず教師や多くの人々に受容されていくことになる．学校を単位とした教育組織に支えられた競技会制度は，プレイであり文化であるスポーツの享受ではなく，いかに合理的に試合に勝つかといったスポーツ種目の学習しか生み出さない構造をもってしまった．

　しかしながら，後進国である日本においてスポーツが普及する過程では，学校にその活動を依存する形をとらざるを得なかったといえる．学校外にそのようなスポーツを実施できるだけの土壌が備わっていなかったからである．また，明治期以降，学校は文化やスポーツの教育的価値を社会に発信していく拠点でもあった．さらに，戦後の学校体育において，教材として遊戯やスポーツが積極的に取り入れられたことも，教育のなかにおけるスポーツが「体育」と捉え

られてきた一因ともいえよう.

　そもそも「スポーツ」は，休養・気晴らし・娯楽を総称するラテン語の「deportare（デポルターレ）」を語源とする．deportare は，中世フランス語において desport（デスポール）となり，14 世紀のイギリスで Disport と変化し，16 世紀には sporte あるいは sport と用いられるようになった［佐伯・清水 2006：56］．英語の sport は広義では「楽しみや健康を求めて自発的に行われる運動」，狭義では「競争・競技として行われる運動」を指している［佐伯・清水 2006：56］．私たちは，スポーツというと狭義の意味でのスポーツを思い浮かべるが，広義で意味される「楽しみ」のひとつの形として「競争・競技」を重視していると捉えることができる．重要なのは，「自発的に行われる」という点である.

　教育という営みは，一定の教育目標に向かって計画的・意図的に行われるものである［友添 2010：30］．教育として行われる体育も同様である．そのため，体育のなかで扱われる「スポーツ」は，学習者の自発性にかかわらず，教えるべき内容として位置づけられる．本来のスポーツの意味からすれば，やりたいと思う人が個人や集団で行うものであるが，教育という制度のなかでは，やりたいかどうかにかかわらず授業として受けるべきものとして存在する．そのため運動やスポーツを行ううえで必要な施設や用具，運動をどのように行うかといったプログラム（計画），一緒に行う仲間が最初から備わっている．学校外で運動やスポーツを行おうとしたとき，これらの条件をそろえることから始めなければならない.

　このように，体育とスポーツは同義ではない．しかしながら，戦前の校友会や運動部活動を基盤にスポーツが学校のなかで行われてきたことや，戦後，学校体育（体育授業）に積極的にスポーツが内容として取り入れられたことが，体育＝スポーツという体育観やスポーツ観に大きな影響を与えたといえる．では，学校体育において扱われる「スポーツ」はどのような意味をもつのだろうか．次節では，学習指導要領を手がかりに，学校体育とスポーツの関係を探っ

ていきたい.

学校体育とスポーツ
──学習指導要領の変遷を手がかりに──

　学習指導要領とは,「全国のどの地域で教育を受けても一定の水準の教育を受けられるようにするため, 文部科学省が学校教育法等に基づき, 各学校で教育課程(カリキュラム)を編成する際の具体的な基準, それぞれの教科等の目標, 大まかな教育内容を定めたもの」である [山崎編 2003]. 学校体育とスポーツの関係を考える際, 体育という教科の目標やその教育内容が示されている学習指導要領の存在は大きい. 特に, 1958 (昭和 33) 年から 1960 (昭和 35) 年以降の学習指導要領は,「告示」形式となり, 国会で制定された法体系に位置づけられることとなった. このことにより, 国民の権利義務に関係する「法規」としての性質を有するものと解釈され, 法的拘束力が明確化され教育課程の基準としての性格をもつようになった.

　学習指導要領は, 戦後間もない 1947 (昭和 22) 年に学校体育指導要綱が制定され, 2017 (平成 29) 年告示の小学校学習指導要領, 中学校学習指導要領, 2018 (平成 30) 年告示の高等学校の学習指導要領に至るまで, 約 10 年ごとに改訂がなされてきている. 教育課程(カリキュラム)や学習指導要領は, 普遍的に変わらない人間教育の特定の部分に確実に責任を果たすよう編み上げられる領域内容と「社会状況や文化状況の変化」といった教育の背景のありように影響されて改訂を行う領域内容がある [島崎 1998 : 235]. 島崎が指摘するように, 学習指導要領の改訂とともに体育の目標や内容は変化している. 学習指導要領に示された体育の目標をみていくと, 3 つの時代的枠組みにその特徴から大別することができる [友添 2010 : 31]. ひとつ目は「全人的な発達」をめざす体育(新教育の目標), ふたつ目は「運動技能の習得と習熟」および「体力の向上」をめざす体育(体力づくりを重視する目標), 3 つ目は「生涯スポーツ」をめざす体

育（楽しさを重視した目標）である［友添 2010；山本 1997：25-31］.

（1）「全人的な発達」をめざす体育（1947 年要綱，1949 年要領，1953 年要領）

戦前の体育は，その名称も「体術」「体操」「体錬」と富国強兵をめざすうえで必要な「身体」が教育という枠組みのなかでつくりあげられていた．号令にしたがって動ける身体や合理的な動きができる身体がめざされた．内容は，体操が主であり，兵事に必要な動きを身につける兵式体操も積極的に行われた．このように戦前は，身体と精神の鍛錬によって，皇国民として必要な献身奉公の実践力と忠誠愛国の精神を形成することを目的とした体育（身体の教育）が行われていた．しかし，戦後は平和主義と国民主権が基本原理とされる民主的国家がめざされるようになる．このような社会の担い手の育成が教育に望まれたのである．平和で民主的な国家の要求する社会の形成者が教育の最大目標となっていく．体育も例外ではなく，戦前の軍国主義的な「体育」の払しょくが課題となった［友添 2010：31；山本 1997：25］．アメリカの教育思想の影響を受け，経験主義教育を基盤とした立場がとられた．

体育では，1947（昭和 22）年の「学校体育指導要綱」，1949（昭和 24）年の「学習指導要領小学校体育編」，1953（昭和 28）年の「小学校学習指導要領体育科編（試案）」がこの時期相次いで作成された．これらは戦後の新しい体育を具現化するものであり，要綱では「身体の健全な発達，精神の健全な発達，社会的性格の育成」が目標として掲げられている．1953 年の要領では「体育科は，児童生徒の身体活動を，個人的な発達や社会的に望ましい生活に役だたせるための学習経験の組織であり，この独自のはたらきを通して，教育全般に貢献しようとする領域」と体育科の役割が明記されている．このように，戦後の体育は，発達刺激的な運動やスポーツの効果（体を鍛える，強靱な体をつくること）を期待するのではなく，運動やスポーツをすることによって身体や精神の健全な発達，民主主義国家の担い手として必要な事柄が身につくことがめざされた．それゆえ，戦前の「身体の教育」から「運動による教育」という体育概念（理

念）の転換でもあった．教材も戦前の体操中心から各種のスポーツへと変化している．

（2）「運動技能の習得と習熟」および「体力の向上」をめざす体育
（1958 年要領，1968 年要領）

　戦後，経験主義が教育の基盤として「民主的態度の育成」がめざされた体育であった．しかし，1950 年代後半（昭和 30 年代）になると，経験を重視するあまり基礎的な学力の低下が問題視されるようになる．教育においては，科学の体系を重視する系統主義教育へと転換が行われ，体育においても 1958（昭和33）年に学習指導要領が全面的に改訂された．系統主義教育を受け，発達段階に応じた指導内容が精選され，体育の目標も「基礎的な運動能力や各種の運動技能を養い活動力を高める」ことが強調されるようになる．教科の中心的な学習内容が，運動技術の習得とされ，運動能力や運動技能の習得と習熟がめざされた．

　また，1960 年代（昭和 40 年代）日本は，飛躍的な経済成長により社会生活に大きな変化がもたらされた．高度経済成長は，生活様式の変化，それにともなう健康被害，運動不足，受験戦争の激化，青少年の体力問題とさまざまな問題を引き起こした．特に，健康や体力への関心が高まり，体育に対して体力づくり（体力向上）が期待されるようになる．このような体育への社会的な期待は，単に高度経済成長による諸問題だけでなく，国際スポーツへの復帰を果たした日本の選手たちの成績不振も大きく影響している．日本は，1964（昭和 39）年に東京オリンピックに向け選手強化体制づくりの必要性に迫られ，学校体育における基礎体力の育成やスポーツの基礎技術の向上，選手育成（スポーツ人口の拡大）が大きな課題とされた．1958（昭和 33）年の学習指導要領の改訂では，基礎運動能力や技術の習得が系統主義教育を基盤にめざされ，その流れを受け1968（昭和 43）年の改訂では，「体力の向上」が体育の目標として位置づけられるようになった．その表れとして，1968（昭和 43）年の学習指導要領の総則第

三に「学校教育活動全体を通じて体力の向上を図る」ことが明記された．

（3）「生涯スポーツ」をめざす体育 （1977年要領，1988年要領，1998年要領，2008年要領，2017年要領）

　戦後の経験主義教育に基づく民主的な態度を育成する体育，その後の系統主義教育に基づく技能の習得と習熟（基礎運動能力の獲得），体力の向上をめざす体育では，運動やスポーツを行うことによって得られる効果が重要視されてきた．あくまでも体育で扱われる運動やスポーツは手段的に用いられてきたのである．このような体育では，学習者である子どもたちの思いや願いは軽視されざるを得ない．特に技能の習得（できることをめざす）や体力の向上をめざす体育では，訓練やトレーニング的な要素が強まり，体育嫌いを多く生み出した．

　1970年代後半（昭和50年代）になると，社会の変化は以前にもまして多様になっていく．通信技術の発達による情報化や工業技術の発達による自動化，都市化や高齢化などの変化とともに，人々の生活は経済的・時間的なゆとりがうまれた．工業化社会から脱工業化社会への転換は，労働から解放された余暇社会の到来を意味し，快適な生活を送ることが人々にとって大きな価値をもつものとなった．[新井 1979：159] 教育においては，学習や自己実現の機会が学校期に限らず，生涯にわたって保障される必要性や学習が可能となる社会のあり様を求める「生涯教育論」「生涯学習論」「学習社会論」が1970年代ユネスコを中心に登場している．このような流れにおいて，スポーツが社会や文化の重要な一領域として認知されるようになる．[友添 2010：33] 1960年代以降，限られた一部の人のみのスポーツという考え方を克服しようとする「スポーツ・フォア・オール」運動が起こっている．限られた社会階級の人，技能にすぐれた競技者，若い人，都会人，男性などではなく，スポーツが老若男女，あらゆる社会階級の人々に，上手な人も下手な人にも解放されることをその理念としていた [島崎 1997：29]．また，スポーツ権が基本的人権のひとつであることも示された．さらに，生涯教育／学習の対象はスポーツにおよび「生涯スポーツ」とい

う捉え方がなされるようになった．スポーツや運動を単なる筋肉運動と捉えるのではなく，生涯の楽しみとして享受する文化として捉えるのである（図2-1）．

　学校体育も生涯スポーツの観点から，運動やスポーツそのものがもつ「楽しさ」や「おもしろさ」を学ぶ「運動・スポーツの教育」への転換がはかられた．具体的には，1977（昭和52）年の学習指導要領の体育科の目標に「運動に親しむ習慣」や「生涯にわたって継続的に運動を実践していくことができる能力や態度の育成」が示されるようになった．これは，学習者の側からみた運動の意味や価値を捉えようとする考え方であり，プレイ論に基づいている．プレイ論は，目標だけでなく教育内容にも大きな影響を与えた．

　体育の内容として行われるスポーツは，文化でありプレイ（遊び）である．プレイ（play）には，「自発的に楽しむ」という特徴がある［松田 2016：64］．プレイについて，ホイジンガは『ホモ・ルーデンス』［Huizinga 1938］においてプレイの本質がおもしろいということにつきることを強調している．おもしろいという原動力があるからこそ，人々はプレイ（遊び）に夢中になり，より楽しむことをもとめて創意・工夫をかさねていくのである．またホイジンガは，プレイの本質的条件を ① 自由な活動，② 没利害性・非日常，③ 完結性・限定性，

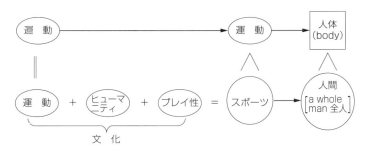

スポーツは単なる筋肉運動ではなく，ヒューマニティやプレイ性を要素として，心身一如のホモ・ルーデンスとしての人間が，よりよく生きる（Well-being）ために創造，分有，伝播する行動と行動の諸結果の総合体，すなわち文化である．（島崎）

図2-1　運動ースポーツー人間のかかわりの説明モデル
出所）島崎［1997：31］．

34

④ 規則のある活動とした．ホイジンガの研究を受け，カイヨワはプレイの研究を社会学的に広げた．カイヨワは，ホイジンガのプレイの定義が不十分であることを指摘し，プレイの要素を ① 自由な活動，② 時間的空間的な隔離性，③ 結果の未確定性，④ 非生産性，⑤ 規則の支配，⑥ 虚構性の 6 つとした [Caillois 1958]．両者に共通するのは，矛盾するようであるがプレイが自由な活動であるにもかかわらず，規則に支配されるという点である．ここでの規則は，強制されるものではなく，より楽しむためにプレイする人々の間で自発的に守ろうとするものである．

　このようなプレイの特徴をいかそうとするのが 1970 年代以降の体育であった．教育内容としての運動やスポーツをプレイの視点から捉えなおし，その運動やスポーツがもつ固有の楽しさやおもしろさに触れることをめざし，訓練（強制）ではなく，自ら学ぶという学習者の自発性，自主性に基づいた学習が運動に親しむことや生涯スポーツにつながると考えられた．

　このように学校体育は，教育という営みであるがゆえに，その時代や社会の要請に応じる形で目標や概念が変化してきた．そのなかで，1977（昭和 52）年以降の「運動・スポーツの教育」は，大きな転換期であったといえる．

⠿　学校体育から豊かなスポーツライフへの可能性

　学習指導要領の変遷からもわかるように，1970 年代以降，「生涯スポーツ」の実現が体育の目標とされてきた．「生涯教育」「生涯学習」が教育において語られるとともに，体育やスポーツでは「生涯スポーツ（論）」が登場した．人生や生活の質を高める文化としてのスポーツを誰もが生涯にわたって享受することをめざす社会の到来を意味するものである．

（1）「生涯スポーツ」と「体育」のつながり
　1977 年の学習指導要領以降，具体的にはどのような「生涯スポーツ像」が

求められたのだろうか．2008年までの体育科の目標を手がかりに考えていきたい（表2-1）．

　まず，「生涯スポーツ」という言葉が目標のなかにみられないことに気づくだろう．小学校および中学校の場合，学習指導要領上に示された言葉は，「運動に親しむ」（1977年，1988年要領）→「運動に親しむ資質や能力」（1998年要領）→「生涯にわたって運動に親しむ資質や能力」（2008年要領）と変化している．また，高等学校においては，「運動をする習慣」（1977年，1988年要領）→「運動に親しむ資質や能力＋生涯にわたって」（1998年要領）→「生涯にわたって豊かなスポーツライフを継続する資質や能力」（2008年要領）となっている．小中学校に先んじて高等学校において，「生涯にわたって」という学校期を越えたスポーツとのかかわり方が示された．特に1988年の高等学校の学習指導要領の体育科において，体育理論の「現代社会とスポーツ」で「現代社会におけるスポーツの必要性について理解させるとともに，個人の生活，健康状態，年齢及び体力に応じた生涯スポーツの設計の仕方について理解させる」と生涯スポーツが明記された．ここでは，理論と実践の融合と，スポーツの必要性の理解がめざされている．

　1977年以降の学習指導要領において，「生涯スポーツ」という言葉が使われることはほとんどないが，運動に親しむ資質や能力をもつ児童や生徒の育成が生涯スポーツの実現につながると考えられていたことがみえてくる．つまり，運動やスポーツへのかかわり（を行う）を学校期のみで終了するのではなく，生涯にわたってかかわる（行う）必要が体育という教科で明示されたことになる．教育として営まれる体育という教科においては，生涯にわたって運動やスポーツに親しむということがあるひとつの価値として位置づけられ，児童生徒は授業を通してその価値へと導かれる．だからこそ，教えるべき内容／学ぶべき内容（身につけるべき内容）として「運動に親しむ資質や能力」を身につけることがめざされている．この資質や能力は「運動への関心や自ら運動する意欲，仲間と仲良く運動をすること，各種の運動の楽しさや喜びを味わえるよう自ら

36

表 2-1　体育科の目標の変遷（1977 年以降）

改訂年		目標
1977	小	適切な運動の経験を通して運動に親しませるとともに，身近な生活における健康・安全について理解させ，健康の増進及び体力の向上を図り，楽しく明るい生活を営む態度を育てる．
	中	運動の合理的な実践を通して運動に親しむ習慣を育てるとともに，健康・安全について理解させ，健康の増進と体力の向上を図り，明るく豊かな生活を営む態度を育てる．
1978	高	健康や体力についての理解と運動の合理的な実践を通して，健康の増進と体力の向上を図り，心身の調和的発達を促すとともに，明るく豊かで活力のある生活を営む態度を育てる．
1988	小	適切な運動の経験と身近な生活における健康・安全についての理解を通して，運動に親しませるとともに健康の増進と体力の向上を図り，楽しく明るい生活を営む態度を育てる．
	中	運動の合理的な実践と健康・安全についての理解を通して，運動に親しむ習慣を育てるとともに健康の増進と体力の向上を図り，明るく豊かな生活を営む態度を育てる．
	高	健康・安全や運動についての理解と運動の合理的な実践を通して，計画的に運動をする習慣を育てるとともに健康の増進と体力の向上を図り，明るく豊かで活力のある生活を営む態度を育てる．
1998	小	心と体を一体としてとらえ，適切な運動の経験と健康・安全についての理解を通して，運動に親しむ資質や能力を育てるとともに，健康の保持増進と体力の向上を図り，楽しく明るい生活を営む態度を育てる．
	中	心と体を一体としてとらえ，運動や健康・安全についての理解と運動の合理的な実践を通して，積極的に運動に親しむ資質や能力を育てるとともに，健康の保持増進のための実践力の育成と体力の向上を図り，明るく豊かな生活を営む態度を育てる．
	高	心と体を一体としてとらえ，健康・安全や運動についての理解と運動の合理的な実践を通して，生涯にわたって計画的に運動に親しむ資質や能力を育てるとともに，健康の保持増進のための実践力の育成と体力の向上を図り，明るく豊かで活力ある生活を営む態度を育てる．
2008	小	心と体を一体としてとらえ，適切な運動の経験と健康・安全についての理解を通して，生涯にわたって運動に親しむ資質や能力の基礎を育てるとともに健康の保持増進と体力の向上を図り，楽しく明るい生活を営む態度を育てる．
	中	心と体を一体としてとらえ，運動や健康・安全についての理解と運動の合理的な実践を通して，生涯にわたって運動に親しむ資質や能力を育てるとともに健康の保持増進のための実践力の育成と体力の向上を図り，明るく豊かな生活を営む態度を育てる．
2009	高	心と体を一体としてとらえ，健康・安全や運動についての理解と運動の合理的，計画的な実践を通して，生涯にわたって豊かなスポーツライフを継続する資質や能力を育てるとともに健康の保持増進のための実践力の育成と体力の向上を図り，明るく豊かで活力ある生活を営む態度を育てる．

出所）学習指導要領データベース（https://www.nier.go.jp/guideline）より筆者作成．

考えたり工夫したりする力，運動の技能など」（小学校学習指導要領体育編（解説）より）とされている．運動とのかかわりとして，自らの意欲に基づく自発的な活動としての運動やスポーツを行えるようになることが重視されている．

　果たしてこれらの資質や能力が身につくことによって，児童生徒たちが「生涯スポーツ」の実践者となり得るだろうか．というのは，運動やスポーツのおもしろさや仕方は学ぶことができるが，学校以外の場所で運動やスポーツを行うために必要な事柄は学んでいないように思われるからである．あくまでも，体育という授業は教育の制度において営まれ，場所やプログラム（活動内容），仲間といった運動やスポーツを行ううえで必要な条件が整えられた状態での実践にしか過ぎない．社会のなかで，学校期以外の人生や生活において多様なスポーツライフスタイルを構築することができるだろうか．

（2）学習内容としての運動・スポーツと生涯スポーツ

　目標の実現のために最適化される内容が決められ，その内容は学習によって内面化されることによって目標が達成される［島崎 1997：22］．そこで，体育の取り扱う領域についてみていこう．図2-2は，新学習指導要領に示されている保健体育科の領域である．特徴としては，発達段階を踏まえた指導内容の系統性がとられ，小学校から高等学校までの12年間を4年ごとのまとまりとしてとらえていることがあげられる．この考え方は，2008年の学習指導要領から取り入れられた．大きな変更点として，小学校の低学年および中学年において「○○運動遊び」「○○運動」と種目名ではない形で動きや運動が示された．また，ボール運動・球技の領域において，「ゴール型」「ネット型」「ベースボール型」と「○○型」が用いられるようになった．この点については，従前の学習指導要領において種目名（例：バスケットボール，サッカーなど）や種目型（例：バスケットボール型，サッカー型など）が用いられていたことに対して，種目のまとまりの捉え方が変化したことを示している．新学習指導要領においても「○○型」が用いられ，各種目をベースにするのではなく，攻め方や守り方の特徴

小学校			中学校		高等学校		
1・2年	3・4年	5・6年	1・2年	3年	入学年次	次の年次	それ以降
体つくり運動			体つくり運動		体つくり運動		
器械・器具を使っての運動遊び	器械運動	器械運動	器械運動	器械運動	器械運動		
水遊び	走・跳の運動	陸上運動	陸上競技	陸上競技	陸上競技		
走・跳の運動遊び	浮く・泳ぐ運動	水泳	水泳	水泳	水泳		
表現・リズム遊び	表現運動	表現運動	ダンス	ダンス	ダンス		
ゲーム	ゲーム	ボール運動	球技	球技	球技		
			武道	武道	武道		
			体育理論	体育理論			
	保健領域		保健分野	科目保健			
基本的な動きに幅広く取り組む楽しさ	すべての領域の特性や魅力に触れる楽しさ		自分に合った運動を選び深める楽しさ				

図 2-2　体育科，保健体育科の領域

出所）文部科学省「スポーツ立国」(http://www.mext.go.jp/b_menu/hakusho/html/hpab201601/detail/1376795.htm，2019 年 2 月 14 日閲覧).

が似通った種目をひとまとまり（○○型）として，そのなかから種目を設定して指導することとなっている．この考え方には，限られた体育授業時数のなかで，ある運動や種目で学習したことが似通った運動や種目にも転移できるという背景がある．また，多くの種目を取り扱うことが時数的に難しいという点もある．

　各領域の指導内容をみていくと，○○運動遊び→○○運動→種目（スポーツ）へとなっており，私たちがよく知っている「スポーツ種目」を学ぶカリキュラムになっている．遊びからスポーツへという流れは，カイヨワが「パイディア（未分化なもの，遊び）」から「ルドゥス（制度化された遊び，スポーツ）」へと遊びが本来自由奔放でありながら，より楽しむために矛盾したようにみえるが自ら規

則（ルール）をつくりだし，それにしたがっていくという遊びの世界を表しているようにみえる．しかしながら，学校体育の場合，生涯スポーツをうたいながらも「種目」への到達がめざされ，指導内容もその種目のルールや技術の理解，技能の習得がめざされるものとなっている．どうしてもそこでは，既存の種目（スポーツ）のルールや技術にとらわれてしまい，プレイする人が遊びにくい状況をつくりだしてしまう．つまり，（既存の）スポーツ（種目）に人（プレイする人）を合わせるのだ．

　体育の学習では，各運動固有の特性（楽しさや運動と人間にかかわる目的的な楽しさ）や手段的な価値（健康づくり・体力づくり，人間形成など），技術・方法や知識，ルールやマナー，学習や練習の仕方が具体的な学習内容となってくる．図 2-2 に示した各運動領域の運動や種目に関する学びが中心となる．

　学習内容として取り上げられている種目は，大別すると「体つくり運動」「スポーツ」「ダンス（表現)」「武道」となる．ホイジンガ［1939］は，行為者（プレイする人）が何を求めてその遊びを行っているかという視点から「闘争形式の遊び」と「表現の遊び」に遊びを分類している．闘争形式の遊びは，闘争や競争のおもしろさを求めて行われるもので，「スポーツ」がこれにあたる．また，表現の遊びは，演劇やダンスといった何かを模倣したり変身したりと表現をする楽しさを求めて行われ，「ダンス」がこれにあたる．スポーツとダンスは，行為者（プレイする人）がそのおもしろさや楽しさを求めて行う活動，つまり欲求に基づき行われるものである．スポーツやダンスを行うことによって，行為者の欲求が充足されることとなる．このような活動は，欲求充足の活動と捉えられる．一方，「体つくり運動」は，健康や体力維持・向上のための運動を心地よく行ったり，体への気づきを促すために運動が手段的に用いられる．ここでは，運動そのものの楽しさに基づくのではなく，身体的必要を充足する活動と捉えられる．

　体育においては，プレイ（欲求）に基づく運動と身体的必要に基づく運動が行われていることがわかる．生涯スポーツという観点から考えた場合，行為者

の欲求に基づく運動が重要になる．同様に体育の授業を考えた場合，種目の学びではなく，より広い意味でのスポーツの学習がなされるべきであろう．行為者の欲求に基づく運動は，自発的であり自主的な活動となる．その楽しさやおもしろさを自らすすんで学ぼうとする学習，つまりスポーツ欲求を起点とする多様な学びを体育において支える仕組みを考えていく必要がある．現在の体育は，生涯スポーツをうたいながらも，どこか種目にしばられているように感じられる．生涯スポーツという観点からスポーツを考えた場合，種目の学びではなくスポーツ文化の学びが重要である．あわせて，社会の状況を考えたとき，体つくり運動などの身体的な必要を充足する運動も重要である．生涯スポーツを実践していくうえで，自らの身体の健康や体力の維持や向上という効果を求めて行う活動を学習する機会はなくしてはならない．スポーツ文化の学びと，健康・体力の維持・向上を目的とする保健実技とを区別して行う体育のあり方も考えていく必要があるだろう．

（3）「体育」と「豊かなスポーツライフ」のつながり

ここで，新学習指導要領についてみていきたい．新学習指導要領は，小学校および中学校が 2017（平成 29）年，高等学校が 2018（平成 30）年に告示されたものである．体育の目標は，運動に親しむことや生涯スポーツの実現から，「豊かなスポーツライフの実現」をするための資質・能力の育成をめざしている（表 2-2）．

新学習指導要領において新たに示されたのが，各教科の「見方・考え方」である．体育においては，先述したように小学校から高等学校まで ① 健康の保持・増進，② 体力の向上，③ 豊かなスポーツライフの実現が共通してめざされている．そのために必要な資質・能力として，知識や技能の習得，思考力・判断力そして他者に伝える表現力，生涯にわたって運動に親しむうえで必要な健康の保持増進と体力の向上が示されている．そこで大事になるのが，「体育や保健の見方・考え方」である．どの校種においても，この見方・考え方をベ

Chapter 2 ▶ 生涯スポーツから豊かなスポーツライフへ　　41

表 2-2　体育科，保健体育科の目標（小学校・中学校 2017 年改訂，高等学校 2018 年改訂）

小学校	体育や保健の見方・考え方を働かせ，課題を見付け，その解決に向けた学習過程を通して，心と体を一体として捉え，生涯にわたって心身の健康を保持増進し豊かなスポーツライフを実現するための資質・能力を次のとおり育成することを目指す.
	（1）その特性に応じた各種の運動の行い方及び身近な生活における健康・安全について理解するとともに，基本的な動きや技能を身に付けるようにする.
	（2）運動や健康についての自己の課題を見付け，その解決に向けて思考し判断するとともに，他者に伝える力を養う.
	（3）運動に親しむとともに健康の保持増進と体力の向上を目指し，楽しく明るい生活を営む態度を養う.
中学校	体育や保健の見方・考え方を働かせ，課題を発見し，合理的な解決に向けた学習過程を通して，心と体を一体として捉え，生涯にわたって心身の健康を保持増進し豊かなスポーツライフを実現するための資質・能力を次のとおり育成することを目指す.
	（1）各種の運動の特性に応じた技能等及び個人生活における健康・安全について理解するとともに，基本的な技能を身に付けるようにする.
	（2）運動や健康についての自他の課題を発見し，合理的な解決に向けて思考し判断するとともに，他者に伝える力を養う.
	（3）生涯にわたって運動に親しむとともに健康の保持増進と体力の向上を目指し，明るく豊かな生活を営む態度を養う.
高等学校	体育や保健の見方・考え方を働かせ，課題を発見し，合理的，計画的な解決に向けた学習過程を通して，心と体を一体として捉え，生涯にわたって心身の健康を保持増進し豊かなスポーツライフを継続するための資質・能力を次のとおり育成することを目指す.
	（1）各種の運動の特性に応じた技能等及び社会生活における健康・安全について理解するとともに，技能を身に付けるようにする.
	（2）運動や健康についての自他や社会の課題を発見し，合理的，計画的な解決に向けて思考し判断するとともに，他者に伝える力を養う.
	（3）生涯にわたって継続して運動に親しむとともに健康の保持増進と体力の向上を目指し，明るく豊かで活力ある生活を営む態度を養う.

出所）文部科学省 HP，平成 29・30 年改訂学習指導要領，解説等より筆者作成.

ースに必要な資質・能力を活用することが求められている.

　学習指導要領解説［体育編］では，体育の見方・考え方が以下のように示されている.

　　　〇運動やスポーツを，その価値や特性に着目して，楽しさや喜びとともに，体力の向上に果たす役割の視点から捉え，自己の適性等に応じた『する・

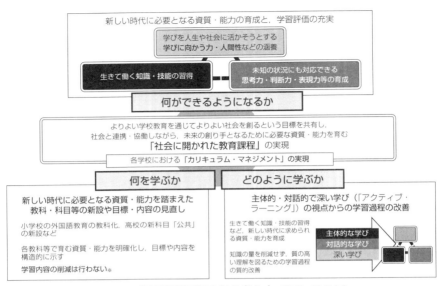

図 2-3　学習指導要領改訂の考え方（2017, 2018 年）
出所）文部科学省 HP より（http://www.mext.go.jp/component/a_menu/education/micro_detail/__icsFiles/afieldfile/2019/02/08/1384661_003.pdf, 2019 年 2 月 14 日閲覧）.

みる・支える・知る』の多様なかかわり方と関連付けること．

　体育がめざす方向性は 1970 年代以降の「生涯スポーツ」が掲げられて約 50 年，大きく変わっていない．しかし，体育という教科だけでなく教育全体として「何を学ぶか」だけでなく，「どのように学ぶか」，その結果「何ができるようになるか」の視点が重視されるようになってきた．教育課程（カリキュラム）や学習指導要領は，普遍的に変わらない人間教育の特定の部分に確実に責任を果たすよう編み上げられる領域内容と「社会状況や文化状況の変化」といった教育の背景のありように影響されて改訂を行う領域内容がある［島崎 1998：235］．体育科および保健体育科の学習指導要領においては，扱われる運動領域・保健領域の内容は大きく変わっていない．しかしながら，教育に対する社会状況や文化状況の変化によって求められる「学び（方）」は変化している．

　現在の学習指導要領の改訂は，Society 5.0[2] や Education 2030[3] に代表され

るように人類社会発展の歴史における 5 番目の新しい社会において求められる（必要な）コンピテンシー（資質・能力）がその基盤にある．AI（人工知能）や IoT，ロボット，ビッグデータなどの革新技術があらゆる産業や社会に取り入れられることによって実現する未来社会に，今の子どもたちは大人になる．そのような社会においては，どのような資質や能力を備えておけばよいのか，あるいは必要とされるのだろうか．OECD による Education 2030 は，まさに複雑で予測の難しい 2030 年の世界を生きる子どもたちに，育成すべきコンピテンシー（資質・能力）が何であり，それをどのように育成するかを各国の協力の下で考え提案する事業である．

　子どもたちを取り巻くこのような状況において，現行の学習指導要領が告示されているのである．体育においては，上述したように「体育の見方・考え方」が示された．「何ができるようになるか」は，目標からいえば「豊かなスポーツライフの実現」といえよう．そして，「何を学ぶのか」は，運動やスポーツの価値や特性であり，「どのように学ぶのか」は，この運動ならではという形でもっている楽しさに触れながらそのもののおもしろさや技能を駆使すること，友だちと協力することなどといえるだろう（図 2-3）．この「見方・考え方」が各教科等を学ぶ中核をなすものとして，教科等の教育と社会をつなぐものであるならば，体育においては，プレイ論をより重視することが必要であろう．また，学習者の自らスポーツを学びたいという学習欲求を育て支える環境を考えていく必要がある．その際，学校の中だけでの体育（授業，実践）ではなく，学校外でのスポーツとのかかわり方や，学校内から外へつながる多様な体育のあり方を考える必要がある．

おわりに
──豊かなスポーツライフのその先へ──

　スポーツと人間や社会の関係は，Society 5.0 や第 5 次産業革命と呼ばれる

44

ような未来社会像のなかにおいてどのようになっていくだろうか．学校体育は，1970年代以降，「生涯スポーツ」をうたい，現在も未来に向かって「豊かなスポーツライフの実現」を大きな目標に掲げている．ただ，そこでは運動やスポーツとのかかわり方を「する」だけでなく，「みる・支える・知る」と拡がりのあるものとして示している．ここに，学校体育における生涯スポーツの捉え方の変化をよみとることができる．より学習者の可能性や（学習）欲求を充足する自己開発の論理に基づく学習社会の構成がめざされている．そのためには，各自が「豊かなスポーツライフ」を具体的にイメージできるようになることが必要である．それは，学習者だけでなく教える側の教師もイメージをもっていなければカリキュラムデザインができない．何かが足りないからそれを埋めるために行うのではなく，より自身の人間的な可能性を拓いていく open end の発想をもつことが重要だろう．

　最後に，「豊かなスポーツライフ」が実現された将来，教科としての「体育」はどうなっているだろうか．「体育」としての役割を終え，学校という場からその姿を消しているかもしれない．あるいは，「スポーツ教育」や「保健実技」と，より学習内容に焦点を当てた形での教科として存在しているかもしれない．

注
1）1978年10月のユネスコ第10回総会において，「体育・スポーツ国際憲章」が定められ，その第1条に「体育・スポーツの実践は，全ての人間にとって基本的人権である．」とスポーツをすることがすべての人々の権利であることが明示された．日本においては，このスポーツ権に関する法的根拠として，憲法第13条1（個人の尊重・幸福追求権），第25条2（国民の生存権・国の社会保障的義務），第26条（教育を受ける権利・教育の義務）などがあげられる．しかし，これらの条文においてスポーツ権の保障が直接明記されているわけではないが，これらの条文からスポーツが自由権的性格，人格形成的な性格，社会的な性格を有する基本的人権として理解されている［公益財団法人日本スポーツ協会］．2011年に制定された「スポーツ基本法」では，その前文に「スポーツを通じて幸福で豊かな生活を営むことは，全ての人々の権利であり，全ての国民がその自発性の下に，各々の関心，適性等に応じて，安全かつ公正な環境の下で日常的にスポーツに親しみ，スポーツを楽しみ，又はスポーツを支える活動に参画することのできる機会が確保されなければならない．」とスポーツがすべての人々の権利であることが明記された．このように，私たちの生活において，スポーツがひとつの権利として認められていることは重要である．
2）Society 5.0とは，AIやIoT，ロボット，ビッグデータなどの革新技術をあらゆる産業や社会

に取り入れることによる実現する新たな未来社会の姿をさしている。狩猟社会（Society 1.0），農耕社会（Society 2.0），工業社会（Society 3.0），情報社会（Society 4.0）に続く，人類社会発展の歴史上5番目の社会といわれるものである（https://www.keidanrensdgs.com/society-5-0-jp，2019年2月14日閲覧）.

3）Education 2030（The Future of Education & Skills）．国際機関であるOECD（経済協力開発機構）が，複雑で予測の難しい2030年の世界を生きる子どもたちにどのようなコンピテンシー（資質・能力）が必要かを各国の協力の下で考え，提案する事業である.

参考文献

新井郁夫［1979］「余暇社会と学校教育目標」，新井郁夫編集・解説『現代のエスプリ ラーニング・ソサエティ 明日の学習をめざして』至文堂.

新井郁夫編［1999］『学習社会としての学校——「教育する学校」を超えて——』教育出版.

出原泰明［2016］「体育とスポーツは何が違うのか」，友添秀則・岡出美則編『教養としての体育原理 新版——現代の体育・スポーツを考えるために——』大修館書店.

Caillois, R.［1958］*Les jeux et les hommes*, Paris: Gallimard（多田道太郎・篠塚幹夫訳『遊びと人間』講談社，1990年）.

神谷拓［2015］『運動部活動の教育学入門——歴史とダイアローグ——』大修館書店.

菊幸一［2007］「「楽しい体育」のカリキュラム構想」，全国体育学習研究会編『「楽しい体育」の豊かな可能性を拓く』全国体育学習研究協議会.

菊幸一［2018］「スポーツと教育の結合，その系譜を読み解く」『現代スポーツ評論』38.

佐伯年詩雄・清水諭［2006］「文化としてのスポーツ」，日本スポーツ協会日本スポーツ少年団編『スポーツリーダー兼スポーツ少年団認定員養成テキスト』日本スポーツ協会日本スポーツ少年団.

島崎仁［1997］「体育とは何か——体育の概念——」，島崎仁・杉山重利編『体育科教育の理論と実践』現代教育社.

島崎仁［1998］『スポーツに遊ぶ社会にむけて——生涯スポーツと遊びの人間学——』不昧堂出版.

友添秀則［2010］「体育の目標と内容」，高橋健夫・岡出美則・友添秀則・岩田靖編『新版 体育科教育学入門』大修館書店.

日本スポーツ協会日本スポーツ少年団［2006］『スポーツリーダー兼スポーツ少年団認定員養成テキスト』日本スポーツ協会.

Huizinga,J.［1939］*Homo Ludens : Versuch einer Bestimmung des Spielelementes derKultur*, Basel: Akademische Verlagsanstalt Pantheon（高橋英雄訳『ホモ・ルーデンス』中央公論社，1973年）.

松田恵示［2007a］「プレイ論とこれからの体育」，全国体育学習研究会編『「楽しい体育」の豊かな可能性を拓く』全国体育学習研究協議会.

松田恵示［2007b］「「楽しい体育」の目的・内容・方法・評価」，全国体育学習研究会編『「楽しい体育」の豊かな可能性を拓く』全国体育学習研究協議会.

松田恵示［2016］「プレイが生み出す体育の可能性——プレイは何をもたらすか——」，友添秀則・岡出美則編『教養としての体育原理 新版——現代の体育・スポーツを考えるために——』大修館書店.

松田雅彦［2007］「「体育授業」と「スポーツ種目」から脱却したカリキュラム」，全国体育学習研究会編『「楽しい体育」の豊かな可能性を拓く』全国体育学習研究協議会.

山崎英則・片上宗二編［2003］『教育用語辞典』ミネルヴァ書房.

山本俊彦［1997］「体育とは，何をめざすのか――体育の目標――」，島崎仁・杉山重利編『体育科教育の理論と実践』現代教育社.

（小坂美保）

コラム1 ― 海外スポーツ系大学のグローバル教育動向

● 目指せ，グローバルスポーツキャリア

　スポーツビジネスのグローバル化が躍進している．この国際的な舞台で活躍を望む人には，自ら考えて自ら行動を起こす力（＝スポーツ考動力）がマストアイテムだ．私はスポーツ考動力を習得する近道として海外留学などで異文化に飛び込み，学ぶことをお薦めしている．もちろん，飛び込むだけではいけない．土台となるスポーツ科学の学問的理解を習得していることが条件となる．ベースとなる知識や，その知識から生まれる問題意識がなければ，大きな成長を手にすることはできないからだ．

　この話は日本の学生だけではなく，世界中の学生たちに求められていることでもある．それゆえ，近年では欧米の大学だけでなく，アジアのスポーツ系大学において，留学生受け入れのための英語プログラムの充実や自国生と留学生の共創教育をねらいとする英語による学位（例：国際スポーツ学，国際コーチ学）取得システムなどがスピード感を持って構築されている．

● 事例「人は変われる！」――上海体育学院（Shanghai University of Sport：通称 SUS）――

　中国の国際ビジネス都市にある上海体育学院は1952年の設立である．キャンパスには，屋外陸上競技場2面，4階建ての専用卓球場，屋内のプールだけでなく，1周200メートルの陸上競技場など素晴らしい施設を有している（**写真1**）．また，キャンパス内には研究や合宿等での来校者が宿泊できるホテルや，留学生を含めた在学生の学生寮も完備している．

写真1　上海体育学院
出所）筆者撮影．

　上海体育学院の留学プログラムはさまざまな種類があるが，ここでは日本の大学と連携している代表的なプログラムを紹介する．ひとつめは，京都先端科学大学（旧 京都学園大学）を中心に毎年3月に行っている1週間の研修プログラムである．スポーツ解剖学やスポーツ経営学，コーチングについて，欧米や日本への留学経験を持つ一流の研究者から直接講義を受けることができる．また，国家トレーニング施設の視察など普段なかなか足を踏み入れることができない場所にも訪れる．ただそれ以上に，この1週間のプログラムの目玉は留学生との交流だ．アメリカ，韓国，ベトナム，セネガル，デンマーク，アフリカ諸国など世界中から上海体育学院に集まってくる留学生とスポーツやパーティーをとおして交流を深める．初日は，恥ずかしそうにしている日本の学生もたった2〜3日で「昨晩は，セネガルと韓国の人と三人で飲んできました」と，こちらも驚くスピードで変わっていく姿がみられる．ふたつめに紹介するプログラムは，夏休み期間に実施される約1ヶ月のサマープログラムである．ここでも世界中の学生が上海に集い，寮で寝食を共にし，中国国技の卓球，中国武術のプログラムに取り組む．最後に紹介するのは大学院への入学である．過去に私のゼミに在籍した学生から3名が上海体育学院の大学院へ留学し，中国語での修士論文を書きあげ修了している．

それ以外にも日本から現在4名の留学生が大学院でスポーツの学びを深めている．一定の成績基準をクリアし，推薦を受けることができれば学費および寮費の免除，合わせて奨学金を受給して学業に専念することも可能だ．大学人としての視点からみると，そこまでして積極的に海外からの留学生を自国に呼び込む施策を大学が実行しているということであるのだが．

「学生は変われる」というのが，私が海外留学生へゼミ生を送りだして得た信念でもある．入学時の偏差値だけで，その学生の人生は決まらない．大学に入り，（学問的基礎を学んだ上で）留学に挑戦し，スポーツ考動力を身につけた学生たちは，今，国際的なビジネスの現場で活躍をしている（一人は北京駐在の国際的な製薬会社の社員として，またもう一人は世界的に有名な航空会社のCAとして，それから中国でスポーツスクール事業に関わっている博士課程の学生もいる）．世界各国からのトップアスリートの集結と留学してくるスポーツ専攻学生のフィールドのなかで得られた刺激的な学びと実践をとおして，人生の選択肢が拡大したgood caseである．

● アジアが世界のスポーツを牽引する

台湾の国立台湾体育大学（National Taiwan Sport University：通称NTSU）もグローバルスポーツ教育を推進する代表的な大学である．ハンガリー国立体育大学との国際共創プログラム（大学院修士課程）を実施し，アジア各国から大学院生を募集している．全て英語による講義でハンガリー国立体育大学より派遣された教授陣による集中講義の実施や，大学院生がハンガリーに足を運び，修士論文の研究指導を受けるシステムも採用している．

では，なぜアジアの各大学は国際的な教育施策を推し進めるのか．ひとつは，留学生と自国学生との異文化交流による教育効果や競争による

成長促進のためだと推察している．もうひとつは，将来帰国後スポーツ行政やスポーツビジネスの現場で活躍をするエリート輩出に寄与するという意図もあるだろう．どこの国でもそうだろうが，留学生に向けた奨学金などの設定は多分に国家の方針の影響を受ける．

　私が学生時代に留学をした当時（1981年 西ドイツ）は，新たな知見を得るための留学といえば，欧米という選択肢しかなかった．しかし，今ではアジアの大学において，英語での学位取得システムの構築や，世界中の留学生との知的交流の場づくりが進んでおり，これまで留学のネックであった高額な投資や移動の困難といった懸念を解消する環境が整いつつある．

　一方で，ゴールデン・スポーツイヤーズ（2019〔ラグビーW杯日本大会〕・2020〔東京オリンピック・パラリンピック大会〕・2021〔World Masters Games in Kansai〕）を迎えるこの時期に，日本の大学も積極的に海外の大学との連携を進めることで，アジアだけでなく，欧米からの学生受け入れ（短期のスポーツインターンシップや留学，ダブルディグリー制度など）に向けた取組みを急ぐ必要があるだろう．

（池川哲史）

Chapter 3 運動部活動のミカタ

はじめに

　この章の前半では運動部活動の成立過程と現状の課題について整理し，後半にはそれらの課題を踏まえたうえで持続可能な運動部活動のあり方について示してみたい．下記は運動部活動に関して，この章を貫く視点である．

　1）クラブ文化——クラブとチームの違い——
　クラブのなかにはいくつかのチームが存在する．これを学校の組織で説明すると「クラブ」が生徒会組織であり，運動部活動は「チーム」となる．しかし日本では，チームとクラブは，ほぼ同じ意味として使われている．チーム（運動部活動）単体がクラブと認識されることで，みんなのスポーツ生活を保証するという目的は薄れてしまいチームの維持が目標となってしまった．運動部活動が明治初期に導入されたとき，それは生徒会（クラブ）の一団体として全生徒のスポーツ生活を保証する組織であり，学校内におけるシティズン・シップ教育の場として機能していた．

　2）文化を学ぶこと——スポーツ文化の学習とスポーツ種目の学習の違い——
　日本文化を違う国に根づかせるには長い時間がかかるのと同じく，海外で生まれたスポーツ文化が日本に根づくには長い時間と学習が必要である．しかしながら日本はあまりにも早くスポーツを広めすぎた．それゆえスポーツ種目（サッカーや野球など）を楽しむことが広まり，スポーツ文化を享受すること（＝

52

みんなの生活のなかに空気や水のようにスポーツがあること）までは学ぶ時間がなかった．スポーツ種目としてではなく芸術や音楽に並ぶ文化としてスポーツを理解するためには，長い時間をかけてその文化に触れながら伝承することが重要であり，スポーツ文化が日本に根づくには相当な時間と学習の場が必要である．運動部活動の歴史を紐解くと，その意味がよくわかるだろう．

3）生涯教育と生涯学習（学習社会）──教育と学習の違い──

　教育と学習は違う．人間には欠けたモノがあるので教育する必要がある（必要性の論理）というのが教育である．一方学習は，自己開発の論理であり，自己の可能性を拓く行為だといえる．教育の論理における欠けたモノとは，何が欠けているのかを誰かが客観的に分析して明示したものであり，人間を分析できるモノとして捉えている．これに対して新井は，フォール報告の人間観を支持しながら R. ハッチンスの学習社会論を下敷きに，人間を能力の諸側面を分割してその側面の評価の総和とする「分断された人間」ではなく，統合された全体として捉えることの重要性と多様な学習機会を設けることの必要性について指摘している［新井 1999：204-14］．これを，スポーツにおける教育・学習に引き寄せると，スポーツを要素に分析して欠けたモノを教育することと，スポーツライフとして丸ごとそのものを学ぶことのどちらがスポーツ文化にフィットするかということだ．要するに，技術や戦術など分析的に捉えられる内容の学習だけで，スポーツ文化が生活のなかに根づくのかということであり，その学習機会が学校期だけでいいのかということである．

　また，菊は，必要性の論理（教育）が多様なスポーツライフの創造を阻んでいることを次のように言及している．「教育組織としての学校がスポーツライフスタイルを一義的に形成してしまう限界は，必修科目としての体育や半ば強制された運動部活動によってスポーツを経験した子どもたちが，学校期以外の長い人生において多様なスポーツライフスタイルを構築できないどころか，そのモチベーションさえ失ってしまうところにみられる．」［菊 2018a：

44]

　この現状は「教育の場としての学校」の限界を示すともに「地域におけるスポーツライフの学習の場」の不在を意味する.

　１）クラブの枠組みから運動部活動をみたとき，どんな課題がみえてくるのだろうか．また，２）スポーツ文化とスポーツ種目を違うものとしてみたとき，現状の運動部活動はどのように映るのだろうか．さらに，３）学習社会における運動部活動はどのように構成されるべきなのか．いままで考えもしなかった視点で運動部活動を眺める楽しみを味わっていただきたい.

ⅰ　運動部活動の成立過程といま

　ここでは，スポーツが学校を中心に広がっていく過程で運動部活動がどのように変容したのかを整理するとともに，運動部活動の課題についてまとめてみたい.

（１）運動部活動の成立とその過程（１）　明治時代〜第２次世界大戦

　江戸時代，日本にはスポーツや運動部活動という概念はなかった．スポーツが日本に輸入されたのは，1858（安政 5）年に交わされた日米修好通商条約により開港された横浜や神戸の外国人居留地での活動が起源とされている．その後，スポーツは，西洋文化を積極的に取り入れる風潮と身体の発達や教育的効果から高等教育機関において取り入れられた.

　運動部活動としては，1877（明治 10）年ごろ，東京大学にボートクラブ（舟行組）があったといわれている．その後，ボートクラブが増え，それらを統括する団体として走舸組が 1884（明治 17）年に設立された．1886（明治 19）年には，ボートに水泳，陸上が加わり統括団体として「運動会」（イベントとして行われる運動会ではない）が帝国大学（1886 年に東京大学を改称）に作られた．これらの体育

振興を支えたのは，1875（明治8）年に招かれて英語教師となったウイリアム・ストレンジである．彼は，初めにボート競技を紹介し，つづいて陸上競技，水泳，ベースボールなどを指導していくことで「運動会」の多種目化に尽力した．そして明治20年代には多くの大学に「校友会」「運動会」というチームをまとめる統括組織ができあがり，学生による自治活動がめざされた．この頃の活動は，ボート，ローンテニス，フットボール，柔術，ベースボール，陸上運動など，外国人居留地で行われていた種目が多く取り上げられており，その指導に多くの外国人が関わっていた[2]．

　その結果，スポーツは，イギリスのパブリック・スクールと同じく，スポーツを楽しむことを核とした自治活動として認識されて各大学へと広がっていく．このような流れは，イギリスにおける近代スポーツの成立過程と同様に，大学側としては寄宿舎などの学生に規律を守らせること，学生にとっては楽しい活動のなかで自律・自立的なスポーツに取り組むことで自身の成長に寄与する活動として受け入れられた．

　明治20年代後半から30年代には，中等教育機関において「校友会」や「運動会」の類似団体が結成されている．しかし，中等教育機関への導入は，高等教育機関における自発的・自治的活動としての「校友会」や「運動会」とは性質が異なっていた．高等教育機関での活動は，学生の自発的な楽しみを基盤とする自治活動であったが，中等教育機関では，それが教員主導の活動となり，子どもたちの自治活動の場として十分に機能しなかった．これらに関して木村は「校友会の役員は，校長以下教職員が枢要を押さえ，学校側が大幅に関与するかたちのものであった」[岸野 1987：1089] とし，神谷は「大学の運動部に見られた自治的な活動（研究活動）が，小・中学校にうまく継承されなかったという経緯があります」[神谷 2015：12] と報告している．

　このように学校主導ではじまった中等教育機関における運動部活動のあり方は，自律した文化としてのスポーツの意味を学習する場としてではなく，スポーツ種目の学習に終始し，チームは意識するがクラブ文化に関してほとんど意

識しない学習の場となった．そのため，みんなのことを考えて自分の役割を遂行することの「みんな」の枠組みがチームや種目の枠組みにとどまってしまった．

　さて，明治30年代から大正時代にかけては，学校におけるスポーツの対外試合が数多く行われ，スポーツが大衆化するとともにスポーツの弊害に関しても指摘されるようになる．

　東京朝日新聞は1911年8月29日から9月11日まで「野球と其害毒」という連載を開始し，粗暴な行為，学業成績不振，運動場の占用などの問題を指摘した．また，1906（明治39）年には，両校の応援が白熱し危険をともなう恐れがあるため早慶野球試合決勝戦が中止となるなど（以降大正14（1925）年まで早慶戦は実施されなかった），本来「校友会」や「運動会」がめざしたスポーツに自律する人間の育成という方向性が，スポーツの大衆化と勝利至上主義の過熱化のなかでくずれていく[3]．

　明治・大正・昭和と時代は流れ，第1次世界大戦を迎えるなか活動内容も訓練・鍛錬的要素が強くなった．さらに1941（昭和16）年には国民学校令が示され，いまでいう体育科は體操科から體錬科へ名称変更となり，「校友会」が「報国団」に改変され「校友会」所属の運動各部は，鍛錬部（武道や個人競技，球技など）と国防部（滑空，射撃，銃剣道，国防競技など）となった．運動部活動もその影響を受けて戦争のための規律・訓練の場として位置づけられ，さらに国の管理が強まっていった[4]．

　自発的にスポーツを楽しみ，学生自身による自治をめざす活動としてはじまった運動部活動だが，教員主導による組織体制や対外試合の増加による勝利至上主義の過熱化から，スポーツという文化を生活のなかに位置づけて楽しむという価値は十分に受け継がれなかった．それゆえスポーツは，日常からの単なる離脱として意味づけられたり，スポーツがもたらす結果ゆえに価値づけされたりすることとなった．

（2）運動部活動の成立とその過程（2）　第2次世界大戦～現在

1）「みんなのスポーツ」への挑戦と挫折

　スポーツに対する機運が変わるのは，第2次世界大戦後である．

　1946（昭和21）年5月に民主教育の手引きとして「新教育指針」が示される．そこには次のように記されている．

　　「体育指導はややもすれば，正科体育の指導に限定される傾向がある．今後はこのような弊害を改め，国民学校においては課外運動，中等学校以上の学校にあっては校友会の活動に適正な指導を与え，その運営を通して生徒の自発的活動を活かし，学校教育の一環たるはたらきを発揮せしめ，明朗なスポーツの実践を通して健康の増進と道義心の昂揚とに資せしむべきである．」

　　「体育の指導を通して，その効果を最大限度に発揮せしめるためには，体育の生活化にまで導かなくてはならぬ．それには先ず他教科との関係を保つとともに，体育を生活のあらゆる面にゆきわたらせることが必要である．」

　　「学校体育は，いうまでもなく学内のすべての生徒を対象として行われなければならぬ．かりにスポーツで有名な学校であったとしても，もしそれが，選ばれた一部少数者によって，もたらされた名誉であるならば，学校教育の立場からみて，その価値はきわめて少ないものといわなければならぬ．」

[文部省 1946：94-95]（現代かなづかいで表記：傍点筆者）

　この「新教育指針」をうけて改定された1953（昭和28）年の「小学校学習指導要領体育編」には「体育科は，クラブ活動や児童会などの教科以外の活動と関係することなく行うことはできない．」[文部省 1953：4] と記され，体育科，クラブ活動（運動部活動），児童会（生徒会）などの活動との関連をもたせること

で，みんなが楽しめるスポーツ生活を実現することを明確にした．

　ここでは「一部」ではなく「すべて」の生徒を対象とすることや，体育授業と他教科や校友会（児童会）との関連をもたせてスポーツの生活化をめざすことが強く意識されていた．それゆえ，対外試合は著しく制限され校内におけるスポーツライフの学習の場づくりが進められた．

　生涯スポーツを志向する現在の学校体育・スポーツの方向性やスポーツが権利であることを謳うスポーツ基本法の精神を考えると，今の時代にこそ必要な方針ではないだろうか．

　しかし，このような流れは，対外試合の緩和と 1958（昭和 33）年に告示された学習指導要領の改定によって変容していく．法的拘束力を持たせた学習指導要領は，教科，道徳，特別活動ならびに学校行事等によって編成された．クラブ活動（運動部活動）は特別活動に位置づけられ，自発的参加であったクラブ活動（運動部活動）を義務化する方向が示されるとともに教員の仕事として認識されることとなった．

　表 3-1 は「戦後の対外試合基準の変遷」[神谷 2014] である．みんながスポーツを楽しむことをめざして校内競技に重点を置いた 1948（昭和 23）年の基準から対外試合が規制緩和されるにしたがって，運動部活動は対外試合に出る人と出ない人に類別され，スポーツが一部の人のものとなっていく過程がよくわかる．このような対外試合の過熱化と勝利至上主義への傾向をさらに加速させたのが東京オリンピックである．これをきっかけに中学校の全国大会や一部選抜選手の練習会などが可能となり，1953（昭和 28）年の学習指導要領でめざしたみんなが楽しむスポーツ活動という方向性がさらに薄れ，体育授業と運動部活動の関係もほとんどなくなってしまう．そして，各競技団体が中学校や小学校で全国大会を開きはじめ，学校のスポーツ活動は選手育成へと向かいはじめる．

　明治初期「みんな」のことを考える組織としてはじまった運動部活動は，対外試合の緩和とともに「一部の人」のものとなった．第二次世界大戦後「みん

表 3-1　戦後の対外試合基準の変遷（中学校・高等学校）

年	基準・通達の名称	中学校の変更点	高等学校の変更点	基準設定の背景
1948 年	学徒の対外試合について	・宿泊を要しない程度の小範囲のものにとどめる. ・対外試合よりもはるかに重要なものとして校内競技に重点を置く.	地方大会に重点を置き,全国大会は生徒一人につき年1回程度にとどめる.	・戦前の過熱化した運動部活動の反省 ・民主主義国家にふさわしい運動部活動 →誰もが参加できる運動部活動
1954 年	学徒の対外競技について	・対外試合の範囲は,府県大会にとどめる（なるべく宿泊の要しないような計画とする）. ・隣県とのブロック大会も開催可. ・個人競技では世界水準に達しているもの（見込みのある者）は,審議機関の審査を経て,個人として全日本選手権や国際競技に参加させることができる.	国民体育大会の参加が認められる.	1952 年 ヘルシンキオリンピック惨敗
1957 年	学徒の対外運動競技について		教育関係団体以外の団体協力者として主催者に加えることができる	1956 年 朝日新聞「全国高校野球選手権大会の主催に復帰する声明」（後援→主催）
1961 年	学徒の対外運動競技について	・特にすぐれた者（全日本的な水準）を国際的競技会または全日本選手権大会もしくはこれに準ずる大会に参加させることができる. ・経費面での負担が増大しないよう配慮する.		1964 年 「オリンピック東京大会開催などの事情を考慮し…」（基準の前文）
1969 年	児童生徒の運動競技について 児童生徒の参加する学校教育活動外の運動競技会の基準	学校と学校外（地域）の対外試合基準が設定される.しかし,実際には両方の大会に出場している学校も多く,結果的に運動部活動の大会数は増加した.		1960 年代 ・手当の問題（裁判闘争） 1969 年 ・必修クラブの制度化（部活動の地域移行） 1971 年 ・教育職員の給与等に関する特別措置法 …部活動は本務ではない（雑務）

				1971 年
1979 年	児童生徒の運動競技について	地方ブロック大会及び全国大会への参加回数はそれぞれ年 1 回.	地方ブロック大会及び全国大会への参加回数はそれぞれ年 2 回.	・教員特殊業務手当 …対外試合の付添に手当を支給 …競技団体との教育団体の軋轢 …学校教育活動としての対外試合に一本化
1987 年	中学生の国民体育大会への参加について	・国体への参加に関わって,授業は出席扱い. ・中学 3 年生が対象. ・4 競技に限定.		1983 年 日本体育協会「4 種目に限って中学生の国体参加を認める方針」 1986 年 アジア大会の惨敗 ・塩川文部大臣「中学生の国体参加」検討 (鶴の一声)
2001 年	児童生徒の運動競技について	中学校の運動競技大会は,都道府県内における開催・参加を基本としつつ,地方ブロック大会及び全国大会については,学校運営や生徒のバランスある生活に配慮する観点から,各競技につき,それぞれ年 1 回程度とする.	高等学校の運動競技大会は,都道府県内における開催・参加を基本としつつ,地方ブロック大会及び全国大会については,学校運営や生徒のバランスある生活に配慮する観点から,各競技につき,それぞれ年 2 回程度とする.	・「特色ある学校づくり」政策において,地方教育行政に関する国の関与が見直される. ・教育関係団体が中心となって新たな基準が作られる.

注)表中の網かけ部分は筆者による.
出所)神谷［2014］.

なのスポーツ」として再構成を試みるも,それはかなわなかった.

2)仕事としての運動部活動

運動部活動に関する次の転換期は,学校における「必修クラブの導入」の時期である. 1968(昭和 43)年に改訂された小学校学習指導要領には「クラブ活動には,毎週 1 単位時間を充てることが望ましいこと.」[文部省 1968:207] と記され,教育課程内のクラブ活動(以下,必修クラブ)と教育課程外の部活動ができた. 生徒にとっては必修クラブと部活動の違いがわかりにくく,例えば「バスケットボールクラブ」と「バスケットボール部」のふたつが共存することもあった. この改訂により勤務時間内の必修クラブは教員の仕事,課外活動

としての部活動は教育課程外として地域への移行がめざされた．しかし，課外活動の試合に教師の付き添いが必要であり手当が支給されることから，どちらも教師の仕事として認識されるようになった．また，生徒が必ずどこかに所属しなければならない必修クラブ制度は，スポーツを特徴づけるプレイの主要特質である自由性との矛盾を残したまま導入されることになる．

　その後，1989（平成元）年改訂の学習指導要領に「部活動に参加する生徒については，当該部活動への参加によりクラブ活動を履修した場合と同様の成果があると認められるときは，部活動への参加をもってクラブ活動の一部又は全部の履修に替えることができるものとする．」[文部省 1989a：123-124] と記され，部活動に参加している生徒は，必修クラブを履修したとみなしてよい（部活動の代替措置）と認められるようになった．部活動が必修クラブと読み替えられることは，教員の仕事であった必修クラブと同じく，部活動に教師が関わることが前提として理解される．この措置は，これまで「必修クラブ＝教員の仕事」「部活動＝教育課程外の雑務」としながら結局どちらも教員がかかわる状況をさらに曖昧にしてしまった．このような状況を回避するため「クラブ活動については，教師の適切な指導の下に，生徒の自発的，自治的な活動が展開されるよう配慮するものとする．」[文部省 1989a：123] と自治活動であることが示されるが，後述の体罰問題などに見られるように，現状は生徒自治とはほど遠い場であることは否めない．さらに，1998（平成10）年に必修クラブが廃止されると，それまでの経緯から教師が運動部活動の顧問を担うことが慣例化することとなる．

（3）運動部活動改革への取組み

　21世紀にはいってもスポーツの勝利至上主義の流れは止まらず，大学及び高校へのスポーツ推薦等の導入でスポーツ活動の結果が重要視され，さらなる過熱化を呼び込んでいく．そのなかで，2012（平成24）年関西圏の高等学校における生徒の自殺問題がおきる．このような状況から文部科学省は，2013（平

Chapter 3 ▶ 運動部活動のミカタ　　61

成25）年に「体罰根絶に向けた取組の徹底について」［文部科学省 2013a］の通知をだすとともに「運動部活動での指導のガイドライン」［文部科学省 2013b］を示すこととなった.

　2018（平成30）年には，教師の働き方改革の視点からも運動部活動のあり方が問われる. 2017（平成29）年に公表された「教員勤務実態調査」をみると中学校教師の 58％ が過労死ライン（労災認定基準の時間外労働時間：1ヶ月 100 時間または 2－6 月の平均 80 時間）を超えていた. また，そのなかで中学校における土日の部活動は，10 年前（平成 18 年度）と比べ＋1 時間 03 分と大幅に増加していることも明らかになった［文部科学省 2017a］. これをきっかけにスポーツ庁は，2018（平成30）年「運動部活動の在り方に関する総合的なガイドライン」を示し，運動部活動のあり方に関して次のような規制を設けた.

○　学期中は，週当たり 2 日以上の休養日を設ける.（平日は少なくとも 1 日，土曜日及び日曜日（以下「週末」という.）は少なくとも 1 日以上を休養日とする. 週末に大会参加等で活動した場合は，休養日を他の日に振り替える.）

○　長期休業中の休養日の設定は，学期中に準じた扱いを行う. また，生徒が十分な休養を取ることができるとともに，運動部活動以外にも多様な活動を行うことができるよう，ある程度長期の休養期間（オフシーズン）を設ける.

○　1 日の活動時間は，長くとも平日では 2 時間程度，学校の休業日（学期中の週末を含む）は 3 時間程度とし，できるだけ短時間に，合理的でかつ効率的・効果的な活動を行う.

［スポーツ庁 2018：5］

　スポーツ庁は，ほかにもさまざまな方策を示している. 例えば，「ィ 学校の設置者は，各学校の生徒や教師の数，部活動指導員の配置状況や校務分担の

実態等を踏まえ，部活動指導員を積極的に任用し，学校に配置する.」［スポーツ庁 2018：3］ことによる人的サポート，合同部活動やシーズン制の導入，総合型地域スポーツクラブなど地域のスポーツ団体との連携による地域スポーツ環境の整備である．このように，よりよい運動部活動のあり方を模索するとともに教員の働き方改革を推し進めているものの，システムの運用方法や部活動における学習内容について具体的には示されていない.

　また，現行の学習指導要領において運動部部活動は「ゥ 教育課程外の学校教育活動と教育課程の関連が図られるように留意するものとする．特に，生徒の自主的，自発的な参加により行われる部活動については，スポーツや文化，科学等に親しませ，学習意欲の向上や責任感，連帯感の涵養等，学校教育が目指す資質・能力の育成に資するものであり，学校教育の一環として，教育課程との関連が図られるよう留意すること．その際，学校や地域の実態に応じ，地域の人々の協力，社会教育施設や社会教育関係団体等の各種団体との連携などの運営上の工夫を行い，持続可能な運営体制が整えられるようにするものとする.」［文部科学省 2017b：27］と示され，教育課程や地域社会との関連の重要性が示されているが，先の方策と同じく具体的なシステムや学習内容等については示されていない.

　教育課程外の学校教育活動と教育課程との関連について中学校学習指導要領解説保健体育編には「生涯にわたるスポーツとの豊かな関わり方を学ぶなど，教育課程外で行われる部活動と教育課程内の活動との関連を図るなかで，その教育効果が発揮されることが重要である.」［文部科学省 2017c：247］とあるが，学習指導要領における体育の学習内容がスポーツ種目で示されているかぎり，スポーツライフを軸として教育課程内・外の学習連携を図ることは難しい.

　豊かなスポーツライフの創造とは，一人ひとりの人間がそれぞれのライフスタイルに応じて主体的にスポーツを楽しむ環境を改善しながらスポーツ文化を享受する行為の総体であり，その学習はスポーツとの関わり方の学習となる．それゆえスポーツ種目を楽しむ能力（技術や戦術，ルール，マナー等）に加えて，

Chapter 3 ▶ 運動部活動のミカタ　63

家庭や地域（学校を含む）でスポーツを楽しむための学習内容が示されなければならない．

🎲　運動部活動の今日的な課題

　これまでの流れを整理すると，高等教育機関における運動部活動の導入期は，スポーツ文化の理解者であり指導者である外国人がいて，スポーツ文化を楽しむことを核とした自治的活動がなされていた．しかし，学校教員の主導で性急にスポーツをチームや種目単位で広めたことでスポーツ文化の伝承がうまくできなかった．その結果，自治組織としてのクラブ（校友会や生徒会）が育たず，運動部活動はチームおよび単一スポーツ種目単位による限られた年齢層の活動となった[8]．さらに，対外試合の規制緩和と勝利至上主義の過熱化により，スポーツが「一部」の人のものとなる．そして，日本におけるスポーツは，社会からの要請と結果としての有用性ゆえに価値あるものとして利用される（スポーツの手段化）ものとなった．国は，これらの傾向を何度も修正しようと試みるが，スポーツ文化の学習システムや学習内容について具体的に示しておらずアクションプランが提示できないまま現在に至っている．

　さて，はじめに本章を貫く3つの視点を提示したが，ここからは，それらをもう少し詳しく説明するとともに，その視点から現状の運動部活動を再度ながめてみたい．

（1）クラブ文化と運動部活動

　日本における運動部活動は，クラブとしての自治活動がない．勝利をめざすチームとしてのネットワークはあるが，クラブの一員としてのクラブワークは皆無である．荒井は，チームとクラブの違いについて，そのネットワークのあり方を例にして次のように述べている．

「〈クラブ〉の中には複数の〈チーム〉が存在すること，そしてコミュニケーションネットワークからすると，〈チーム〉の中のネットワークと，〈チーム〉間のネットワークの二つを〈クラブ〉は持つということである．〈チーム〉のネットワークが，競争のために協同するという〈チームワーク〉である．これに比べ〈クラブ〉には，共存のために協同する〈クラブワーク〉というネットワークが存在しなければならない．」

[荒井 1986：92-93]

　運動部活動は，豊かな学校生活を約束することを目的とした結社である生徒会（クラブ）の一員としてチームワークとクラブワークの両方を発揮することが使命となる．運動部活動において生徒が育つのは，みんなのことを考えて自分たちの存在を意識すること，すなわちシティズン・シップ教育によるのである．

　地域スポーツの現場において，単一チームをクラブといい，自分たちの利害を優先する様子（施設の占用や相手を敵のチームと呼ぶことなど）は，クラブ文化によるシティズン・シップ教育が機能していないことを意味する．

　図 3-1 は，学校と地域におけるクラブとチームの関係を示したものである．クラブはクラブ文化を基調として組織化され，そのクラブをまとめていく連合体としての体育連盟やスポーツ協会が，子どもの立場に立ってよりよいスポーツ環境を整える役割を果たすべきである．チームとクラブの違いを理解することは，シティズン・シップ教育の場としてクラブとクラブの連合体を機能させる第一歩である．学校の教員及びスポーツ指導者は，運動部活動の歴史を顧みながらクラブ文化について学ぶことが必要である．

（2）運動部活動と文化を学ぶこと

　先に紹介した「新教育指針」の『第六章　芸能文化の振興』に次のような記載がある．

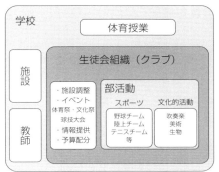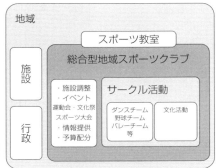

* クラブの中には，いくつかのチームがあり，クラブメンバーとして共存・共生をめざしている．
* 学校におけるクラブの仕組みは「生徒会」の枠組みとなる．
* 教師は，本来のクラブシステムとして生徒会運営をサポートし，生徒の自主的・自発的な参加により行われる運動部活動をめざさなければならない．
* 学校のスポーツカリキュラムは，地域スポーツのしくみのモデル学習の場となっている．

図3-1　学校・地域におけるクラブシステム

出所）筆者作成．

「人々はなぜこのように芸能を求めているのであろうか．それは，『人がパンのみによって生きるものではない』からである．人生には『ゆとり』と『うるおい』とが必要である．生きるための仕事に，すべての時間と精力を費やさないで，そこにいくらかでも『ゆとり』をつくり，その『ゆとり』を精神的な慰安に用いて，人生にくつろいだ気分，たのしい時間，心のきよめられる生活を持ちたいのである．」

「新しい芸能文化は，それ自身が人生の目的として追求せらるべく，他の目的の手段であってはならない．」

「芸能文化は，他のいろいろな文化と並んで，同等の価値をそれみずからにもっている．それは，道徳や宗教や科学の手段でもなく，政治や経済の方便でもない．」　　　［文部省 1946：99-100］（現代かなづかいで表記：傍点筆者）

これは，戦後の生活に文化振興が必要だから記されたものである．このなか

の「芸能」という文字を「スポーツ」におきかえて，もう一度読んでもらいたい．

　スポーツに置き換えてこの文章を読んでも全く違和感はない．にもかかわらず，この文章にスポーツという分野は入っていないのはなぜだろうか．

　明治の初期，楽しみごととして輸入されたスポーツは，歴史のなかで「必要の論理」で語られてきた．つまり，なにかの役に立つからスポーツは価値があると認められてきたのだ．芸能文化が「他の目的の手段であってはならない．」と語られることとは正反対に，スポーツは他の目的の手段となっていた．そのため，ここにスポーツという言葉がはいらなかったのではないか．

　必要だから行う行為は「運動」であり，楽しみごとである「スポーツ」とは明確に違う．「運動」とは，必要欲求の充足のために行う活動である．一方「スポーツ」は，プレイ欲求の充足のために行う活動である．よく「健康のためにスポーツをします」とか「青少年の健全育成のためにスポーツをする」と聞くが，これらは本来のスポーツと人間の関係を誤解している．スポーツと健康の関係でいえば「スポーツを楽しんだ結果として健康になった」が正確な因果関係を示している．後者でいえば「スポーツを真っ当にスポーツとして学んだり楽しんだりした結果，社会性が育まれ健全育成につながった」が的を射ている．「健康であるための運動＝生物として生きる人体に必要な活動」であるから，図3-2に示されるように，必要としての活動は「スポーツ」ではなく「運動」と呼ばれるべきである．

　スポーツは，「芸能」と同じく文化として楽しむことが目的なのである．

　手段化したスポーツのあり方を目的的な活動にもどすためには，それを指導する大人の文化とスポーツに関する理解が前提となる．現在，国は，部活動指導員を学校に配置する計画をしているが，生活のなかにおける文化の意味や意義，さらには，SPORT，ART，MUSICという文化の価値について，教員も含め指導者が学ぶ仕組みなしには成功はありえない．

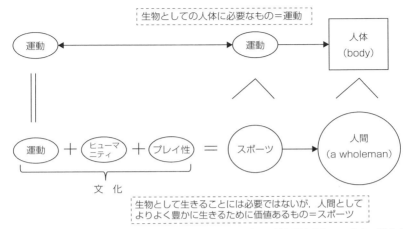

スポーツは単なる筋肉運動ではなく，ヒューマニティやプレイ性を要素として，心身一如のホモ・ルーデンスとしての人間が，よりよく生きる（well-being）ために創造，分有，伝播する行動の諸結果の総合体，すなわち文化である．（島崎）

図 3-2　運動－スポーツの関わりからの文化説明モデル

出所）［島崎 1998：31］の図に筆者が破線囲みの内容を加筆．

（3）運動部活動と生涯学習（学習社会）

「校友会」が初めて自治組織としてできたとき，それは自己開発の場であり学習の場であった．しかし，「校友会」が中学校・小学校へと広がりを見せたとき，運動部活動は教育の場となった．それは，体力向上や社会性の育成など，結果としての効果ゆえに価値を認められ，それらを身につける手段としてスポーツが扱われてきたことを意味する．

運動部活動は，青少年の健全育成や体力向上など分断したスポーツの諸側面を教員が生徒に身につけさせる場として認識されたのである．

スポーツは「人生にくつろいだ気分，たのしい時間，心のきよめられる生活」を与える文化であって「他の目的の手段であってはならない」のである．スポーツを楽しむライフスタイルは，それぞれの人間が仲間とともにつくりあげるものであり，むりやり教育されることで身につくものではない．

スポーツライフの学習は，ライフスタイルに応じてスポーツを楽しむ生活を

自ら創造・改変する学習といえる．それは，パートナーや子どもができたり老いを感じたり，それぞれのライフステージで変容する身体と生活に応じてスポーツを生活のなかに取り入れるための資質・能力を身につける学習である．そして，その学びの場は「すべての市民が，学習と訓練と自己開発を自由に行う手段を，どのような環境の下でも自ら入手できなければならない」[UNESCO 1972：193] とフォール報告が示すように，学校期という時間軸，地域と学校という空間軸に分断された場ではなく，生涯学習の場として統合されることが必要となる．

　以下では，これまでの議論をふまえながら，これからの運動部活動システムの試案を示してみたい

3　新しい運動部活動のあり方
── 地域と学校を結ぶプラットフォームとしての運動部活動 ──

（1）　地域と学校におけるスポーツサービスの共通性

　学校のスポーツサービスには「プログラムサービスとしての体育授業」「イベントサービスとしての体育祭・スポーツ大会」「クラブサービスとしての運動部活動」「エリアサービスとしての昼休みの体育施設開放」がある．2017（平成29）年に示された中学校学習指導要領解説では，

> 「運動部の活動において保健体育科の指導との関連を図り，競技を「すること」のみならず，「みる，支える，知る」といった視点からスポーツに関する科学的知見やスポーツとの多様な関わり方及びスポーツがもつ様々な良さを実感しながら，自己の適性等に応じて，生涯にわたるスポーツとの豊かな関わり方を学ぶなど，教育課程外で行われる部活動と教育課程内の活動との関連を図る中で，その教育効果が発揮されることが重要である．」
>
> [文部科学省 2017c：246-247]

というように，運動部活動と教育課程内の活動の関連をとることを推奨している．例えば，「プログラムサービスとしての体育授業」で柔道を体験し，もっとやってみたいと思った生徒が「クラブサービスとしての柔道部」で楽しむとか，「プログラムサービスとしての体育授業」でアルティメットをプレイしたところ，とても面白かったからみんなで楽しみたいとして「イベントサービスとしてのアルティメット大会」を生徒会が企画するなどである．これらを関連付けてテーマ単元として体育授業のカリキュラムをデザインすることで，学校におけるスポーツライフがさらに充実する（図3-3）．このようなスポーツサービスの関連性は，地域スポーツにおいても同じ構造であり，学校のそれとの親和性は非常に高い．

これまで学校体育と社会体育は，このような親和的関係にあるにもかかわらず，スポーツ関連資源を分断して独自に活用してきた．その結果，運動部活動は，少子化によりチームが成り立たない，教師の多忙化により顧問のなり手が

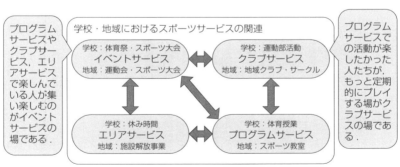

※ 各サービスの上段は学校，下段は地域の内容を示している
図3-3　学校・地域のスポーツライフにおける各スポーツサービスの関係
出所）筆者作成．

いないなど多くの問題を抱え，同じく地域スポーツクラブも，少子高齢化の影響でチームが成り立たない，複数種目を楽しむことや活動場所の確保が難しいなどの問題を抱えることとなった．

スポーツを楽しむためには「仲間，施設，用具，指導者，プログラム，情報」などが必要である．少し立ち止まって考えれば，スポーツ資源をシェアするだけで，大部分の課題解決ができることがわかる．

（２）地域と学校を結ぶプラットフォームとしての運動部活動

分断されたスポーツ資源を統合するためには，新しい発想と仕組みが必要である．学校と地域を時間軸と空間軸においてつなぐ新しい仕組みが図 3-4 である．

わかりやすくいうと「中学校を卒業しても部活動は卒業しないシステム」といっていいだろう．これは，中学校を卒業しても部活をそのまま続けることで，学校と地域をつなぐ仕組みである．中学校期は運動部活動＝地域スポーツクラブの活動であり，卒業後は学校を拠点とした地域スポーツクラブの活動となる．このように中学校のなかで地域スポーツクラブを運営できれば，高等学校を卒業しても，この地域スポーツクラブで昔の仲間と一緒にスポーツを楽しんだり，運動部活動入部者が少なくても卒業生が参加することで活動が充実したりする．さらに，そこでは，卒業生が後輩を指導するというシステムもできあがり，専門的指導ができない教師が運動部活動の顧問となった場合にも，専門的指導や審判などに関するサポートができる．そして，このシステムが継続していくと卒業生が親となり，自分の子どもたちも楽しめるように小学校・幼稚園へと地域スポーツクラブの活動を広げ，さまざまなライフステージでスポーツを楽しむことができる仕組みへとつくり変えていくだろう（図 3-4）．これら時間軸と空間軸をつなげるシステムが機能する新しい組織のことを総合型地域スポーツクラブという．これは，地域住民の自発的な活動に支えられ，チーム（スポーツ種目）ではなく，スポーツ文化の視座からスポーツサービスを提供する

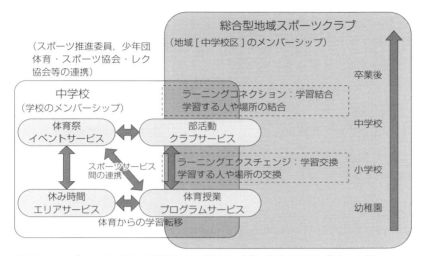

図 3-4 スポーツライフの学習として地域─学校が共習するプラットフォーム
出所）筆者作成．

団体であり，多種目・多世代・多志向という特徴をもつスポーツ組織である．生徒にとって「生徒会」組織の一員とした運動部活動の場が，地域住民において学校を活用した「総合型地域スポーツクラブ」の場が，具体的なスポーツライフの学習の場となるとともに，リアルなシティズン・シップ学習の場ともなる．

また，総合型地域スポーツクラブの指導者が体育の時間に指導したり（学習交換：ラーニング・エクスチェンジ），児童・生徒と地域の人々が学校や地域の施設を使って一緒にスポーツを楽しんだり（学習結合：ラーニング・コネクション）することで，教員・生徒，地域住民にとってまるごとのスポーツ文化を学ぶ場となる．

4 運動部活動の未来に向けて

運動部活動の歴史を紐解きながら，現状の課題から具体的なアクションプランを示してきた．しかしながら，運動部活動や総合型地域スポーツクラブの仕

組みを通じて日本にスポーツ文化を根づかせるためには，決定的にかけている
ものがある．それは，水や空気のように生活のなかにスポーツがある社会を体
験したメンター（指導者・支援者）の存在である．明治初期，高等教育機関にス
ポーツ（クラブ）が導入されて自治活動が進んでいたのは，居留地に住んでい
た外国人の支援があったからだと考える．グローバル化によりスポーツの文化
的価値を体感した人は徐々に増えているものの，まだまだ少数である．この課
題をいかに解決できるかが，これからの運動部活動や総合型地域スポーツクラ
ブの未来を握っている．

注

1）フォール報告は，エドガー・フォール（元フランス首相）を委員長とするユネスコの教育国際
開発委員会が 1972 年に発表した生涯教育・学習社会を提唱した報告（*Learning To Be*，邦
訳は『未来の学習』）である．フォール報告は，教育の究極の目的を「人間の身体的，知的，
情緒的，倫理的統合による「完全なる人間」の形式」と捉えている．特に本書では，「立派な
大人」が持ちうる能力を分析し，教育することで，はじめに想定していた「立派な大人」が育
つという視点ではなく，人間を分かつことができない存在とし，自ら学習し，自己の可能性を
ひらくことができる社会（いつでも学び，やり直すことができる社会＝学習社会）を創造する
という視点を支持し，取り上げている．
2）スポーツの輸入については，『最新スポーツ大辞典』[岸野 1987：559：1088-90] において増
田靖弘が「スポーツクラブ」の項目で，運動部活動が日本に導入された過程と現在までの流れ
については，木村吉次が「部活動」の項目で解説している．また山本正身の研究報告において
も各大学別の経緯が報告されている [山本 2017]．
3）詳細については岸野 [1987：1090]，神谷 [2014：14-15] を参照．
4）文部省訓令，学校體操教授要目 1913（大正 2）年において「休メ，集マレ，解カレ…徒手小
隊教練，…執銃中隊教練」[文部省訓令 1913：24-25] など集団行動の内容が示されている．
體操科から體練科への変更に関しては，高橋健夫が「体育」『最新スポーツ大辞典』[岸野
1987：711] において，「校友会」の「報国団」改変及び，鍛錬部，国防部の設置に関しては木
村吉次が「部活動」『最新スポーツ大辞典』において解説をしている [岸野 1987：1090]．
5）スポーツ基本法 [2011（平成 23）年 8 月 24 日施行] が制定されるまでは，スポーツに関連
する法律としてはスポーツ振興策を示した「スポーツ振興法（昭和 36 年）」があった．スポー
ツ基本法は，スポーツ振興法をさらに充実させるとともに，スポーツを通じて幸福で豊かな生
活を営むことが人々の権利であるとの考えに立った新しい時代におけるスポーツの基本理念を
提示している．また，国，地方公共団体，スポーツ団体をはじめとする関係者の連携と協働に
よって，その基本理念の実現を図ることを具体的に規定し，その役割の重要性を示している．
6）これらの流れについては，神谷 [2014] のシンポジウム資料および当該シンポジウムで報告さ
れている．
7）スポーツの特質であるプレイにいて J. ホイジンガは「何よりもまず自由な行為である」「仮構
の世界での没利害的な活動である」「日常生活から区別された活動である」「プレイの世界の規

則によって秩序付けられている」という特徴としてあげており，自由性は主要特徴の第一番目として示されている［Huizinga 1938：邦訳 28-42］.

8) 増田は 「これら日本の〈スポーツクラブ〉の特徴は，〈カントリークラブ〉などのほかは，大部分が〈スポーツ教室〉型のプログラム提供であること，また，大規模な〈営利スポーツクラブ〉以外は，単一のスポーツ種目のものであること，およびおもに年齢別の対象にかぎった〈スポーツクラブ〉であることである.」［岸野 1987：564］とその特徴を述べている. かぎられた年齢層，単一スポーツ種目，教室型プログラムというキーワードは，現状の学校や地域のスポーツ活動の特徴と一致している.

9) 部活動指導員は，専門指導ができない教員や教員の働き方改革のため，部活動の指導を教員と協同もしくは単独で行えるように位置づけられた. 非常勤職員として任用でき，部活動指導員だけで大会引率をすることもできる.

参考文献

新井郁男［1999］『学習社会としての学校「教育する学校」を超えて』教育出版.

荒井貞光［1986］『これからのスポーツと体育』道和書院.

荒井貞光［2003］『クラブ文化が人を育てる』大修館書店.

伊ケ崎暁生・吉原公一郎［1975］『戦後教育の原典1 新教育指針』現代史出版会.

International Council of Sport and Physical Education（ICSPE）［1964］ *Declaration on Sport*.

運動部活動の在り方に関する調査研究協力者会議［2013］『運動部活動の在り方に関する調査研究報告書──一人一人の生徒が輝く運動部活動を目指して──』.

大葉久吉［1913］『文部省訓令 学校体操教授要目』東京宝文館.

Caillois, R.［1958］*Les jeux et les hommes*, Paris: Gallimard（多田道太郎・篠塚幹夫訳『遊びと人間』講談社，1990 年）.

神谷拓［2014］「学校運動部活動の現代的意義と経営改革の方向性Ⅱ──これからの運動部活動と教師への期待──」『体育経営管理論集』6.

神谷拓［2015］『運動部活動の教育学入門 歴史とのダイアローグ』大修館書店.

菊幸一［2018a］「スポーツと教育の結合，その系譜を読み解く」『現代スポーツ評論』38.

菊幸一［2018b］「生涯スポーツ論，スポーツ教育と学校体育──そのハザマ（vs）をどう認識し，克服するか？──」スポーツ教育研究会.

岸野雄三［1987］『スポーツ大事典』大修館書店.

慶應義塾大学文学部教育学専攻山本研究会［2017］『「部活動」の起源と発展に関する教育史的研究』2013 年度山本ゼミ共同研究報告書.

島崎仁［1993］『スポーツに遊ぶ社会にむけて』不昧堂出版.

スポーツ庁［2018］『運動部活動の在り方に関する総合的なガイドライン』.

大教スポーツ研究会［1982］『スポーツと人間』学術図書出版.

都村精一［1926］『改正 学校体操教授要目』都村有為堂出版部

中西純司［2018］「保健体育科教師に求められる「コンピテンシー」（職能）とキャリアデザインのあり方」スポーツ教育研究会.

林修・松田雅彦ほか［2008］「中学・高等学校の保健体育教師に求められる実践的指導力をどう養成するのか」『体育科教育学研究』24（2）.

Huizinga, J.［1939］*Homo Ludens : Versuch einer Bestimmung des Spielelementes derKultur*, Basel: Akademische Verlagsanstalt Pantheon（高橋英雄訳『ホモ・ルー

デンス』中央公論社，1963 年）.

真木悠介（見田宗介）［1971］『人間解放の理論のために』筑摩書房.

松田雅彦［2018］「生涯スポーツ時代の学校体育の不易と流行」『現代スポーツ評論』38.

森田啓之・高橋浩二ほか［2017］「生涯スポーツ（論）と学校体育（2 年目）生涯スポーツにつな
　がる学校体育のあり方」『体育哲学研究』47.

文部省［1946］『新教育指針』大阪書籍.

文部省［1947］『学習指導要領』日本書籍.

文部省［1953］『小学校学習指導要領体育科編』明治図書出版.

文部省［1958a］『小学校学習指導要領』大蔵省印刷局.

文部省［1958b］『中学校学習指導要領』明治図書出版.

文部省［1960a］『高等学校学習指導要領』大蔵省印刷局.

文部省［1960b］『中学校特別教育活動指導書』光風出版.

文部省［1968］『小学校学習指導要領』大蔵省印刷局.

文部省［1989a］『中学校学習指導要領』大蔵省印刷局.

文部省［1989b］『高等学校学習指導要領』大蔵省印刷局.

文部科学省［2013a］『体罰根絶に向けた取組の徹底について（通知）』.

文部科学省［2013b］『運動部活動での指導のガイドライン』.

文部科学省［2017a］『教員勤務実態調査（平成 28 年度）の分析結果について』.

文部科学省［2017b］『中学校学習指導要領』.

文部科学省［2017c］『中学校学習指導要領解説 保健体育編』.

Lengrand, P.［1970］*An Introduction to Lifelong Education*, Paris: Unesco（波多野完治
　訳『生涯教育入門』全日本社会教育連合会，1971 年）.

UNESCO［1972］*Learning to be: The world of education today and tomorrow*, Paris：
　Unesco（国立教育研究所内フォール報告書検討委員会訳［1975］『未来の学習』第一法規出
　版，1975 年）.

新聞記事

「挑戦さまざま，私立や公立モデル校 学校 5 日制月 2 回へ」『朝日新聞』1994 年 11 月 11 日朝刊.

「体罰翌日高 2 自殺 部顧問，平手でたたく」『朝日新聞』2013 年 1 月 8 日夕刊.

「勝利至上主義を否定 文科省部活ガイドライン」『朝日新聞』2013 年 6 月 30 日朝刊.

「中学校の部活動」『朝日新聞』2016 年 4 月 17 日朝刊.

「学校の業務と部活の両立 中学教員「限界」5 割」『朝日新聞』2017 年 11 月 18 日朝刊.

「過重な業務，教員悲鳴 中学の 6 割が「過労死ライン」超え 文科省調査」『朝日新聞』2017 年 4
　月 29 日朝刊.

「部活動「量より質」へ」『朝日新聞』2018 年 7 月 1 日朝刊.

（松田雅彦）

Chapter 4 日本のアスリート育成環境を考える
―― 脱・ガラパゴス化にむけて ――

I アスリートの育成と強化

（1）トップアスリートの競技ヒストリー

　日本代表になるようなトップアスリートは，どのような成長過程を経るのだろうか．渡邊ら［2013：3-5］は，陸上競技でオリンピックと世界選手権に日本代表として出場した選手104名を対象に，小学校から高校までのスポーツ暦と成績を調査した．その結果，これらの日本代表選手のうち，小学校期に陸上競技を実施していた者は他競技との掛け持ちを含めても約1割しかおらず，特別何もスポーツをしていなかった者を除く約6割は他の競技を実施していた（表4-1）．また，全国大会に出場したのは104名のうち4名のみであった（野球など他競技での全国大会含む）．中学校期では掛け持ちを含めて約8割が陸上競技を実施していたが，全国大会に出場していたのは約4割，入賞は約2割に留まっていた（表4-2）．高校期ではほぼ全員が陸上競技を実施しており，全国大会に出場していたのは約8割，入賞は約6割であった（表4-3）．

　上記のデータは同時に，多くの日本代表選手が中学生になったとき，または高校生になったときに他競技から陸上競技に転向する「競技間トランスファー」の経験者だったことを意味している．また，日本陸上競技連盟が発行したタレントトランスファーガイド［日本陸上競技連盟 2015］によると，これらの代表選手のうち陸上競技内の種目を転向する「種目間トランスファー」の経験者は中学校→高校で約5割，高校→大学・実業団で約3割いるとされている．

　以上のことから，第一に陸上競技の日本代表になるような選手が頭角を現す

表4-1 小学校期に中心的に取り組んでいた競技とその競技レベル

競技名	人数（人）	割合		人数（人）	割合
陸上競技のみ	6	6%	全国大会入賞以上	2	2%
陸上競技と他競技	11	11%	全国大会出場	4	4%
他競技	64	62%			
やっていない	23	22%			

表4-2 中学校期に中心的に取り組んでいた競技とその競技レベル

競技名	人数（人）	割合		人数（人）	割合
陸上競技のみ	71	68%	全国大会入賞以上	20	19%
陸上競技と他競技	13	13%	全国大会出場	41	39%
他競技	17	16%			
やっていない	3	3%			

表4-3 高校期に中心的に取り組んでいた競技とその競技レベル

競技名	人数（人）	割合		人数（人）	割合
陸上競技のみ	101	97%	全国大会入賞以上	64	62%
陸上競技と他競技	1	1%	全国大会出場	82	79%
他競技	2	2%			
やっていない	0	0%			

出所）表4-1〜4-3は，渡邊・森丘・伊藤ほか［2013］における男女のデータを統合し，筆者作成.

のは高校期以降であり，中学校期まではその才能を見極めることが非常に難しいといえる．第二に，陸上競技は専門化が遅い種目であること［Vaeyens 2009：1369］，ならびに小学校期から陸上競技以外のスポーツや陸上競技の複数種目を行うような多様な運動経験を積んだのちに最適な専門種目を決定するプロセスが重要だといえる．言い換えるなら，選手の育成には中長期的な視点が不可欠であり，単一種目の早期専門化を避け，成績にかかわらず競技を継続させることが大切だと考えられる．

ただし，卓球など早期専門化が一定の効果をもつと考えられる競技も存在するため，競技によって異なる理解をしなければならない点には注意が必要である．

（2）相対年齢効果

学校段階があがっても競技を継続させるためには，選手が競技をつうじて有能感や自己効力感をもつことが鍵となるであろう．しかし，「相対年齢効果」がその阻害要因となっている可能性がある．日本では4月2日生まれから次年の4月1日生まれまでで学年が区切られるが，年度の前半に生まれた子どもと後半，特に「早生まれ」と呼ばれる1月から3月（4月1日も含む）に生まれた子どもとでは約1年の年齢差があることになる．潜在能力が変わらないにもかかわらず，この差が学業成績や最終学歴［川口ら 2007：29-42］，また体格や体力［朝内ら 2009：49-54］にも影響を与えることが知られている．このように，ある年齢区分において，実年齢の違いが学業やスポーツの成績に影響を与えることを相対年齢効果という．

森丘［2014：51-52］は，陸上競技の全国大会出場者および日本代表選手の生れ月を4～6月（第1クォーター：Q1），7～9月（Q2），10～12月（Q3），1～3月（Q4）の4つに区分したうえでその分布を調査した（図4-1）．その結果，小学校期の全国大会ではQ1が約45％いるのに対して早生まれのQ4は10％

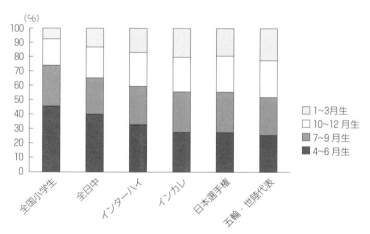

図4-1　2012年の全国大会出場者および日本代表選手の生まれ月分布
出所）森岡［2014：52］．

未満であり，明確な相対年齢効果が確認された．この影響は中学校期（全日本中学校陸上競技選手権）まで大きく，高校期（全国高等学校総合体育大会）以降でもその影響が残存する傾向がみられた．相対年齢効果が早生まれの子どもに不利益を与えているという報告は野球［岡田 2004：83-84］やサッカー［Mujika 2009：1155-1157；河合 2018：54-58］でもなされており，スポーツ界全般に共通する問題であるといえるだろう．

　相対年齢効果に起因する不利益の経験が選手をドロップアウトに至らせるとする指摘［Delorme 2010：717-722］もあるように，早生まれの選手にとっては有能感や自己効力感，ひいては競技継続意欲をもつことがより困難な状況にあるといえる．中学校期までは選手の才能を見極めることが非常に難しいと先に述べたが，「アスリートファースト，ウィニングセカンド」［桜井 2014：57］の考えのもと，この世代の競技参加選手数と継続者数（タレントプール）を増やし［日本陸上競技連盟 2015］，その後の育成と強化につなげていく必要がある．

　一方，日本代表選手では Q１〜Q４の割合はほぼ同等となり，相対年齢効果は消失していた．日本代表レベルの選手は子どもの頃から運動有能感が高かった［森丘 2014：53］ことをあわせて考えると，早生まれの日本代表選手は子どもの頃の不利な条件のなかでも高い運動能力を発揮していたのであろう．そして，（1）で述べたように多様な運動経験を積みながら学校段階が上がるなかで専門種目を決定し，競技成績を上げていったと考えられる．

（3）新しい年齢区分の試み

　前述した相対年齢効果による問題への対策として，日本陸上競技連盟は大会参加資格に新たな年齢区分を設ける試みを 2018 年度より開始した．ジュニアオリンピック陸上競技大会は，2018 年度で第 49 回の開催を迎えた歴史ある大会である．2017 年度までの年齢区分は「学年」であったため，カテゴリー A が中学 3 年生（該当する生まれ年の 4 月 2 日生まれ〜次年の 4 月 1 日生まれ），B が中学 2 年生（同），C が中学 1 年生（同）であった．この年齢区分を表 4-4 のように

表 4-4　ジュニアオリンピック陸上競技大会の年齢区分

	年齢区分		
	A	B	C
従来	中学 3 年生	中学 2 年生	中学 1 年生
2018 年大会	高校 1 年生 （2003 年 1 月 1 日～2003 年 4 月 1 日生まれ） 中学 3 年生 （2003 年 4 月 2 日～2003 年 12 月 31 日生まれ）	中学 3 年生 （2004 年 1 月 1 日～2004 年 4 月 1 日生まれ） 中学 2 年生 （2004 年 4 月 2 日～2004 年 12 月 31 日生まれ）	中学 2 年生 （2005 年 1 月 1 日～2005 年 4 月 1 日生まれ） 中学 1 年生 （2005 年 4 月 2 日～2006 年 4 月 1 日生まれ）

出所）日本陸上競技連盟［2018］より抜粋.

学年をまたいで配置することで，早生まれの選手を従来とは異なる区分で（よ
り実年齢が下の選手と）競技させた［日本陸上競技連盟 2018］．この結果，全参加選
手における早生まれ選手の割合が 11.6％（2017 年）から 26.4％（2018 年）へと増
加し，全入賞者における早生まれ選手の割合も同様に 9.4％ から 38.4％ へと増
加した［日本陸上競技連盟 2019：未発表データ］．国民体育大会や全日本中学校陸上
競技選手権大会については今後もこれまでどおりの年齢区分，つまり学年をも
とにしたカテゴリーで実施されるため，今回の年齢区分変更は早生まれの選手
にとっては，より「勝つ喜びを味わいやすい」大会が増えたことを意味する．
この措置はタレントプールを拡大するための対策の一環だと考えられるが，そ
の総合的な効果には中長期的な評価が必要であろう．

（4）日本のトップ選手は "早熟"

　陸上競技の日本トップ選手は高校期に約 8 割が全国大会に出場し，約 6 割が
入賞していると述べた（表 4-3）．その後，大学や実業団に舞台を移して日本の
トップレベルに辿り着くと考えられる．ここでは，競技キャリアのピークに至
る過程とその維持期間について，記録動態を世界のトップ選手と比較すること
によって明らかにしたい．
　図 4-2 に，2011 年～2017 年の男子三段跳における世界と日本のトップ選手

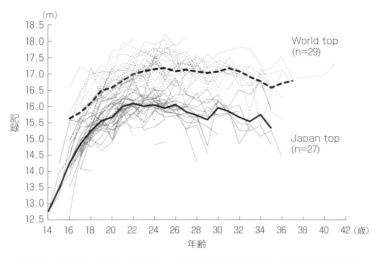

図 4-2　世界および日本のトップ男子三段跳選手における競技記録の発達

出所）杉林［2018］．

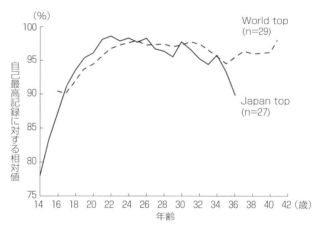

図 4-3　世界および日本のトップ男子三段跳選手における競技達成度

出所）筆者調査資料より．

の各年齢時における記録とその平均である［杉林 2018：80-81］．世界トップ選手は平均して 25 歳で記録的ピークに達し，そのレベルを 32 歳に至るまでの 7 年間にわたって維持していた．一方で日本トップ選手は 22 歳で記録的ピークに達したのち，26 歳までの 4 年間しか同等レベルを維持できていなかった．図4-3 は，自己最高記録を 100% としたときの各年齢時点の相対記録（達成度）を対象者ごとに算出し，その平均値を示したものである．日本トップ選手は 22 歳まで急成長を続けて一気にピークに達したのに対し，世界トップ選手は比較的緩やかにピークに到達した．以上のことから，日本トップ選手は記録的ピークへの到達が急激かつ早く，また維持期間も短いため，早熟化傾向にあるといえる．同様の指摘は男子 100m と 400m ハードルにおいてもみられる［森丘2014：53-54］．また，1980 年代に当時の跳躍種目における世界および日本の歴代 50 傑を対象とした分析においても，その比較において同様の指摘がなされている［村木 1984：200-207］．したがって，スプリント・跳躍系種目に関しては，日本トップ選手は世界トップ選手と比べて概して早熟化傾向にあるといえ，しかもこの傾向は少なくとも数十年は変化していないとみられる．

　日本トップ選手が早熟化傾向にある理由としては，複数の要因が考えられる．まず，日本トップ選手はほぼ大卒者とみてよいことから，22 歳以降の記録の「頭打ち」は，大学卒業後の競技環境に問題があると推察できる．これは，卒業後に競技活動に専念するだけの環境（時間や施設，生活・競技活動資金）を確保するのが容易ではないこと，また就職等によってそれまでの拠点（大学）を離れ，コーチが不在または変更となることなどが挙げられる．また，22 歳までの急激な記録の向上は，各学校段階において開催される全国大会の影響を感じさせる．全国大会の存在は選手の意欲をかき立て，能力を伸ばし，タレント発掘に大いに役立っている．その一方で，記録的ピークとその維持期間に関してどのような影響があるのか，今一度検証する必要がある．

2 コーチングとトレーニングの国際比較

　筆者は 2012 年 9 月から 1 年間，スウェーデン陸上競技連盟ならびに同国ヨーテボリ市にある強豪の陸上クラブチームで JOC スポーツ指導者海外研修を実施した．ここでは，その際に得られたコーチングとトレーニングに関する情報を分析し，日本との比較を行う．

（1）コーチング体制

　コーチ研修の中心となったのは，創立 1887 年のスウェーデンで最も古いスポーツクラブのひとつ，「オルグリューテ IS（Örgryte Idrottssällskap）」であった．クラブには陸上競技の他にサッカー，レスリング，ボーリング部門があり，またそれぞれの部門が幅広い年代を対象としたスクールを展開している総合型スポーツクラブであった．陸上部門は市内の総合運動公園を拠点に活動しており，園内には全天候型屋外陸上競技場の他に 200m トラックを有する室内陸上競技場（写真 4-1）が完備されていたため，厳冬期であっても強度の高いトレーニングを行うことが可能であった．コーチング体制としては，ボランティアコーチの他にフルタイムの専任コーチが複数在籍しており，専任コーチはそれぞれが 7 ～10 名程度の選手を抱える「グループ」を構成していた．筆者はそのうちのひとつ，YT 氏がコーチを務め，跳躍種目の選手が所属する YT グループにて実地研修を行った．

　YT コーチは男子三段跳でオリンピック金メダリスト，女子走高跳で世界陸上優勝者を育てた実績があり，スウェーデン陸連内では当時三段跳の強化コーチを担当していた．当時の YT グループには，女子走高跳の世界陸上入賞者をはじめ国内トップクラスの選手が 7 名在籍しており，跳躍種目においてスウェーデンを代表するトップチームであった．トレーニングメニューは YT コーチが 7 名の選手に合わせて個別に立案し，実行させていた．YT コーチは，グル

Chapter 4 ▶ 日本のアスリート育成環境を考える　83

写真4-1　スウェーデン・ヨーテボリ市にある室内陸上競
　　　　　技場（Friidrottens Hus）
出所）筆者撮影.

ープとして指導する選手は10名程度が限界だとしており，さらに専門的な技術トレーニングの際には選手を2〜3名の小グループに分けたうえでトレーニング時間をずらし，集中的に指導することが多かった．これは，クラブから給料を得てフルタイムで活動するコーチは，メニューを個別に出して丁寧に指導することが当然の責任であると考えられており，選手もそれを期待するからである．このような関係性においては，選手が自主練習をすることはコーチへの不信感の現れであると否定的に捉えられることがある．

一方，日本の陸上選手はまず学校の部活動に所属し，卒業後も可能であれば母校のコーチにそのまま指導を受けるケースが多い．強豪校の場合，部活動のコーチは数十名の選手を同時に抱えることも珍しくない．しかし，その多くが教員でもある部活動のコーチが，これらの選手全員に対して個別にメニューを立てて細やかに指導することは現実的に不可能である．そのため，コーチは効率化を目指して全員または種目等で分けたグループに対して画一的なメニューをやらせるか，または選手自らにメニューを立てさせるような，選手の自主性を尊重した（または頼った）チーム体制を構築するしかない．前者は，部活動は学校教育の一環であり主体的な活動であるべきとする部活動の趣旨［スポーツ

庁 2018 : 1] に反する結果となりやすく，後者は教育上の観点からも賛同を得や
すい．しかし，実際はどちらを選択するにしても，もともと部活動の枠組みで
は人的・時間的リソースが限られるためにそうせざるを得ないのが現実である．
また，指導力のなさを自主性という教育的価値で都合よく埋め合わせ，事実上
の放任指導となっている例があることも覚えておきたい．

（2）年間トレーニング周期

10 月から新しいトレーニング周期の準備期をはじめるにあたり，YT コーチ
は選手に向けて年間のコンセプトを説明した．それをまとめると以下のように
なる．

- ・年間を通じてスピードと技術レベルを高く維持するため，高強度トレー
  ニングを増やす
- ・1 〜 2 月の室内競技会を重視し，多くの試合に出場する
- ・これらによってスポーツフォームを長く維持する

以下では，年間トレーニングのマクロ周期構造（期分け）と試合戦略を日本
と比較することで，双方の特徴を明らかにしたい．周期構造の分析には，YT
コーチが作成したメニュー表，トレーニング観察と実施記録，および聞き取り
を用いて総合的に判断した．

図 4-4 は，YT グループと日本のシニアトップ一般モデルにおける年間トレー
ニングのマクロ周期構造を示している [杉林 2014 : 54]．YT グループに所属す
る選手の試合期は，1 月中旬から 3 月第 1 週にかけて行われる室内シーズン，
および 5 月下旬から 9 月第 1 週にかけて行われる屋外シーズンのふたつに明確
に分かれていた．したがって，年間のマクロ周期構造は欧州型の典型的な年二
重周期であった．日本の場合は 4 月中旬から 10 月中旬までの期間に重要試合
が分散しているため，長い 1 年周期（中間メゾを挟むことがある）を採用するケー
スが多い．表 4-5 は，マクロ周期の各段階の長さを示している [杉林 2014 : 54]．

Chapter 4 ▶ 日本のアスリート育成環境を考える　85

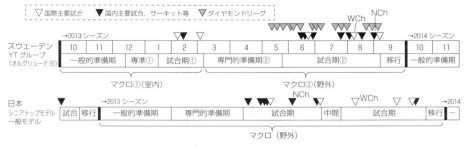

図 4-4　YT グループおよび日本の年間トレーニング周期

出所) 杉林 [2014]

表 4-5　YT グループおよび日本の年間トレーニング各周期の長さ　　(週)

	マクロ①（室内シーズン）			マクロ②（屋外シーズン）			合計			
	一般的準備期	専門的準備期	試合期	一般的準備期	専門的準備期	試合期	一般的準備期	専門的準備期	試合期	移行期
スウェーデン (Örgryte IS)	10	5	7	0	12	15	10	17	22	4
日本	0	0	0	11	11	28	11	11	28	3

出所) 杉林 [2014].

　YT グループの試合期の合計は 22 週であり，日本の 28 週よりも短いものであった．一方で，YT グループの試合数は所属選手の平均で室内シーズンが約 6 試合，屋外シーズンが約 12 試合，年間で合計約 18 試合であったことから，試合期に 1 週間または 10 日に一度は試合にでていたことになる．これは日本の一般的な跳躍選手よりも明らかに短い試合間隔である．したがって，YT グループの試合期は短期間でかつ高密度であったといえる．

　次に専門的準備期をみてみると，YT グループが 17 週であり，日本の 11 週と比べて長いものとなった．一般的準備期と移行期についてはほぼ同じ長さであるため，YT グループは試合期が短い分，より長期間にわたる専門的準備期を確保していたことになる．特に，室内シーズンが終わった後の 3 月から 5 月にかけての専門的準備期 ② は，高強度かつ専門性の高いトレーニングを実行

するためのレディネスが十分に高まった状態で迎えるため，大変充実した内容
であった．この専門的準備期 ② によって余裕をもってスポーツフォームが獲
得されたとみている．

（3）YT グループにおける当該周期の成果

　上述した欧州型の年二重周期における高強度のトレーニング，および高密度
な試合を実施した結果は以下のとおりとなった．所属選手 7 名のうち 20 代後
半の 2 名は，最重要試合である世界陸上競技選手権大会に向けて徐々に調子を
上げ，二人とも決勝ラウンドに進出した．なかでも女子走高跳の EGT 選手は
5 位入賞を果たし，その後のダイヤモンドリーグファイナルでも 3 位の成績を
残すなど大きな成果を上げた 1 年となった．この二人にとっては長期にわたる
高強度のトレーニングと高密度な試合はスポーツフォームの形成と維持にとっ
て有効に働いたと考えられる．一方，中堅以下の選手をみてみると，複数の選
手が怪我によって一時期試合を欠場したケースがあった．また，疲労による集
中力の低下から一時休養期間を設けざるをえない選手もいたことから，中堅以
下の選手にとっては要求レベルがやや高すぎた可能性がある．このことから，
当該年周期の試みは選手の年齢やレベルによってその反応が異なったといえ，
当該年だけでなく多年次に渡る影響についても注意深くみていく必要があると
考えられる．

　ここからは YT グループで最も成果を上げた EGT 選手の試合成績を詳細に
みていく．図 4-5 は，EGT 選手の試合記録の推移と室内および屋外シーズン
の試合分析である［杉林 2014：52］．室内 8 試合，屋外 16 試合の計 24 試合に出
場し，図中に示した 3 つの重要試合の全てで好成績を上げた．スポーツフォー
ムを判定する際，跳躍種目ではシーズンベスト記録を 100% としてそのマイナ
ス 3 % ゾーン内にある試合数や密度などをもとにした「競技達成度」を用いる
ことができる（村木［1994：65］はトラック種目でマイナス 2 %，技術性の高い跳躍や投
擲種目ではマイナス 3 〜 4 % を推奨しているが，本稿ではマイナス 3 % とする）．これを用

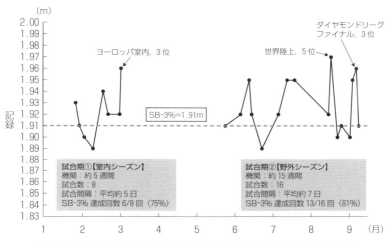

図4-5 EGT選手の2013年度競技成績（女子走高跳）と試合分析
出所）杉林［2014］より筆者がデータを追加.

いると24試合中19試合，つまり約8割がマイナス3％ゾーン内にあった．また，上位5試合平均記録もシーズンベスト記録に近く，高い水準であった．したがって，シーズンの大部分においてパフォーマンスレベルが高く安定し，スポーツフォームを維持できていたといえる．

EGT選手のスポーツフォーム獲得には，前述したように長い専門的準備期がプラスに影響したと考えられる．そして，その維持に影響を与えた要因として試合間隔が室内シーズンで平均約5日，屋外シーズンで約7日と短かったことがあげられる．特に，最重要試合である世界陸上での入賞を果たしたのち，極めて短期間のうちに6試合に出場していた（試合間隔は平均約4日）．本人への聞き取りによると，「確かに疲れるけれど，世界陸上の後は試合を入れ続けないと緊張感が保てないしコンディションも続かないから」とのことであった［杉林 2014：53］．このように，EGT選手は試合をコンディショニングの一部としてもとらえており，積極的に活用していたことがわかる．一方で世界陸上の前には約4週間の"出控え"［藤川 2007：54］をしており，じっくりとした調整

にあてていた．以上のように，試合戦略はスポーツフォームの維持とともに目標とする重要試合でのハイパフォーマンスの発揮にとって不可欠であり，状況に応じた柔軟な戦略を取ることが大切であるといえる．なお，EGT選手のような試合戦略を実行するためには，前提として出場可能な試合の選択肢が多いこと，またトップレベルであり，かつフルタイムアスリートであることが条件となるであろう．

（4）日本のトレーニング周期

ここまでは，YTグループにおける年間トレーニングのマクロ周期構造とその結果としての試合成績を，コーチング・トレーニング論的視点から眺めてきた．この項では，改めて日本のシニアトップ一般モデルとしてのトレーニング周期構造をYTグループと比較することで，その特徴と可能性について論じたい．

日本のシニアトップ一般モデルは，比較的短い専門的準備期と長い試合期をもつことが特徴的であった（図4-5）．試合期が長くなる背景には，重要試合が4月から10月にかけて分散配置されていることがある．日本の試合カレンダーは，春（4〜6月初旬）と秋（9〜10月）の好気候条件の時期にそれぞれ重要試合が配置される傾向にあり，梅雨から夏（6月中旬〜8月）にかけては重要試合がほぼない状態となる．一方で6月中旬〜9月初旬にかけては欧州が試合の集中期であり，多くのIAAFグランプリシリーズ，さらには世界陸上やオリンピックなどの主要国際大会も基本的にこの時期に開催される．したがって，夏の欧州遠征や世界陸上などに出場する日本のシニアトップ選手は6〜7ヶ月におよぶ長い試合期を過ごすことになる．

しかし，スポーツフォームの有効期間は4〜5ヶ月とされていることから［マトヴェーエフ 2008：556-557］，この長期間にわたって試合期を続けることは心身ともに過酷である．このように「息切れ」を起こした選手がそれでも秋のシーズンに出場するのには理由がある．9月の全日本実業団選手権は，多くのト

ップ選手の所属先である企業にとっては目標とする試合のひとつである．また，10月の国民体育大会は，選手が登録する都道府県陸上競技協会にとって年間の最重要試合である．そのため，選手にとっては夏でピークを過ぎたにもかかわらず，所属企業や陸協の要請に応じる形でこれらの試合に出場することになる．そのため，一時的に試合のない中間期を挿入して充電を図ることや，試合密度を低下させて試合間隔を長くとり，その間にスポーツフォームを維持するための一般的および専門的トレーニングを積むことが通例である．つまり，日本のシニアトップの試合期はより準備期的性質を持ち合わせているといえよう．試合期に準備期的性質をもたせることは，前述した準備期の短さによるトレーニング負荷や適応期間の不足を補うための現実的な手段と捉えることもできる．

　以上をまとめると，日本のシニアトップは YT グループに比べて短い専門的準備期と長い試合期を過ごすが，試合期には試合密度を低くし（せざるを得ず），試合間にはスポーツフォームを維持するために，準備期に実施するタイプのトレーニングを組み入れていた．したがって，YT グループと比較すると準備期と試合期の区別が厳密ではなく，年間を通してより準備期的性質を帯びたトレーニング周期であったといえる．この意味では，村木［1994：163］が指摘するような，発達過程にあるジュニア選手に推奨されているタイプに近い．そのため，これがシニアのトップ選手にとっても相応しいものであるかは議論の余地があるだろう．シニアトップ選手の更なる競技的発達を促すためには，適切な試合数と密度が確保された試合期とともに，スポーツフォーム形成にとって直接的な役割を担う専門的準備期を期間・内容ともに充実させることが不可欠である．したがって，選手には戦略的な試合選択とともにスポーツフォームの周期的発達特性を考慮した年間トレーニング計画の立案が求められる．

3 アンチ・ドーピングの理念と活動

(1) アンチ・ドーピングの成り立ち

ドーピングとは,「スポーツにおいて禁止されている物質や方法によって競技能力を高め, 意図的に自分だけが優位に立ち, 勝利を得ようとする行為」[JADA 2019a] のことである. ドーピングはフェアプレーの精神に反すること, アスリートの健康を害すること, および反社会的行為であることから, スポーツ固有の価値を損なうものである. そのため, ドーピングの撲滅を目指したアンチ・ドーピング活動が盛んに行われてきた. アンチ・ドーピング活動は, ドーピングによる不正をなくすだけでなく, スポーツに参加する全てのクリーンなアスリートの権利を守る活動でもある. また近年では, ドーピングはスポーツ・インテグリティを脅かす要因のひとつであると位置づけられ（図4-6）, アンチ・ドーピングはスポーツ界全体で取り組むべき課題であると認識されている.

ドーピング違反（＝アンチ・ドーピング規則違反）は, 世界アンチ・ドーピング機構（World Anti-Doping Agency; WADA）が発行する世界アンチ・ドーピング規定（World Anti-Doping Code; WADA-Code）によって定められている. 2015 年に

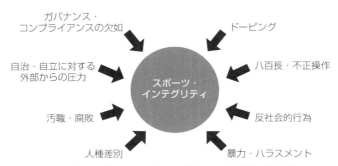

図 4-6　スポーツ・インテグリティを脅かす要因
出所) 日本スポーツ振興センター [2018].

改訂された WADA-Code では，10 項目の違反事項をひとつ以上違反することでアンチ・ドーピング規則違反となり，制裁措置を受けることになる［JADA 2018a］．日本国内では，日本アンチ・ドーピング機構（Japan Anti-Doping Agency; JADA）が WADA-Code の各規定に完全に適合した日本アンチ・ドーピング規定を作成し，そのなかで日本オリンピック委員会や国内競技団体，都道府県スポーツ協会等の関連組織と個人における役割と責務を規定することで，アンチ・ドーピング活動を展開する仕組みとなっている［JADA 2018b］．

　スポーツの世界ではじめてドーピングが記録されたのは，1865 年のアムステルダム運河水泳競技大会であった．その後，1980 年代にかけてさまざまな競技種目に広がっていったとされている［JADA 2013：31］．アンチ・ドーピング活動としては，1928 年に国際陸上競技連盟がはじめて禁止物質を指定するなど各競技において動きがみられ，オリンピックでは 1968 年グルノーブル冬季，およびメキシコ夏季大会においてはじめてドーピング検査が開始された．しかし，この時点ではまだ競技種目や国・地域を超えた統一されたルールが定められていなかった．その後も 1988 年のソウルオリンピックにおけるベン・ジョンソン選手の蛋白同化ステロイド使用，1998 年のツールドフランスにおけるエリスロポエチン（EPO）の大量発見など，社会を揺るがすドーピング関連問題が続いたことで，フェアでクリーンなスポーツを守るために統一されたアンチ・ドーピングルールの制定が求められるようになった．そこで，国際オリンピック連盟（International Olympic Committee; IOC）は 1999 年 2 月に各国政府や国際競技連盟らをスイスに招いて「スポーツにおけるドーピングの防止に関する世界会議」を開催し，そこで発せられたローザンヌ宣言に基づいて，1999 年 11 月に IOC から独立したドーピング防止組織である WADA が設立された．初の世界統一ルールである WADA-Code は，2003 年にコペンハーゲンで開催されたアンチ・ドーピング国際会議において採択され，2004 年に発効した．WADA-Code はこれまでに 2 度改定されており，2021 年には 3 度目の改訂が予定されている．

（2）日本におけるアンチ・ドーピングの枠組み

　日本国内では 2001 年に JADA が発足し，ドーピング検査，教育，研究など世界標準のアンチ・ドーピング活動を可能とする体制が整備された．2005 年，文部科学省はユネスコの「スポーツにおけるドーピングの防止に関する国際規約」［文部科学省 2005］を締結し，2007 年には同規約の発効を受けて「スポーツにおけるドーピングの防止に関するガイドライン」［文部科学省 2007］を策定した．これには WADA-Code に準拠したアンチ・ドーピング活動の実施を求める内容が記載されており，行政のバックアップを得て国内のアンチ・ドーピング活動の拡大と質の向上が図られるきっかけとなった．また，2011 年に「スポーツ基本法」が成立し，基本的施策のひとつとして JADA と連携したドーピング防止活動の推進が盛り込まれた［文部科学省 2011］．

　2020 年東京オリンピックの開催が決定した 2013 年以降は，大会本番の成功に向けて，アンチ・ドーピング活動にかかわる人材の育成や検査，教育，研究に関する連携事業，およびインテリジェンス活動の強化が活発化した．より効率的にドーピング関連情報を収集するため，2017 年に日本スポーツ振興センターのウェブサイト内にドーピング通報窓口が設置された［JSC 2017］．また，2018 年には，「スポーツにおけるドーピングの防止活動の推進に関する法律」が成立し，これをもってドーピングが違法となるとともに，警察などとの情報共有や連携強化が可能となった［官報 2018］．この背景として，ロシア陸上競技連盟およびロシア・アンチ・ドーピング機関が組織的にドーピングに関与していたとして 2015 年に資格停止処分となった問題があげられる．この問題を受け，WADA は 2015 年に改訂した WADA-Code において，「ドーピング捜査およびインテリジェンス収集」の項目を追加した［JADA 2018a］．このことは，ドーピング違反の検出には従来の「検査」に加えて「捜査」が必要なフェーズに移行したことを意味する［勝田 2018：3］．先のいわゆる「ドーピング防止法」の成立は，そのような国際的な流れにそったものである．また，2019 年には日本スポーツフェアネス推進機構が設立されることになり，競技団体から独立

したドーピング検査の方針立案や財源の確保などを行うことで，アンチ・ドーピング活動の体制が強化される．

　このように，アンチ・ドーピング活動の推進が世界的な潮流となるなか，国内においても法整備を含めた枠組みの構築が進み，アンチ・ドーピング活動の強化が図られてきた．

（3）日本のドーピング問題

　2020年東京オリンピックの招致活動では，日本が過去のオリンピック・パラリンピック競技大会において，一人もドーピング違反を出していない（2013年当時）など，クリーンであることが高い評価を受け，開催地決定を有利に導いたとの見方がある［遠藤 2017：32］．今西ら［2017：889］は，2007〜2014年までに行われた世界と日本のドーピング検査の陽性率を比較し，世界の1.88%（209万8728件中3万9453件の陽性）に対して日本は0.12%（4万2439件中50件の陽性）であり，統計的に有意に低かった（$p < 0.001$）と報告している．また，同報告では，日本の陽性事例の多くは競技力向上を意図していない過誤や過失による「うっかりドーピング」であると指摘されている．同様の指摘は浅川［2011：1755-1756］や薄井［2013：339］によってもなされており，浅川は「競技者に対してドーピング防止規定及び薬に関する適切な情報が提供されていれば，違反となることを防ぐことができたと考えられる内容である」［浅川 2011：1755-1756］と述べている．これらのことから，世界と比較した場合に，日本はこれまでのアンチ・ドーピング活動において優れた実績があり，スポーツに対する態度はよりクリーンであったということができよう．

　一方，近年の日本のドーピング事例には従来になかったケースが散見される．2017年に，カヌー競技においてある選手が他選手を陥れるためにドリンクに禁止物質を混入したことで，競技成績の失効と8年間の資格停止の制裁が決定した件，また，2018年平昌オリンピックのスピードスケート・ショートトラックの男子代表選手が大会直前の選手村で行われた競技会外検査において陽性

反応を示し，これが日本の冬季オリンピックにおいて初の陽性ケースとなった件が記憶に新しい．さらに，2017年度にアンチ・ドーピング規律パネル（アンチ・ドーピング規則違反について中立かつ公正な判断を行う独立組織．規律パネルにより決定された違反事項や制裁はJADAが一般開示する）が決定したアンチ・ドーピング規則違反者6名［JADA 2018c］のうち3名が大学生であり，3名それぞれがアンチ・ドーピングに関する知識不足や不注意による「うっかりドーピング」であったと考えられるケースであった．一例として，米国産サプリメントを入手，使用していた学生選手の競技会検査において禁止物質が検出され，競技成績の失効と資格停止7ヶ月の制裁が決定したケースがある．近年は外国産サプリメントであっても容易に入手できる環境にあるため，アンチ・ドーピングに関する正確な情報とともに，一層の自覚と責任が求められる．

　以上のように，日本はドーピング検査の陽性率は依然として低いものの，「うっかりドーピング」の割合が多い特徴がある．また，クリーンさやフェアプレーの精神といったこれまで世界から高く評価されてきた倫理観を脅かしかねない事例が近年目立ってきている．このことから，アンチ・ドーピングに関する教育・啓発活動を推進するとともに，正確な情報へのアクセシビリティを高めていく必要があると考えられる．

（4）ドーピング禁止の正当性をめぐって

　ここまでは，ドーピングはアンフェアで不正な行為だという前提に立ったうえで話を進めてきた．しかし，ドーピングの禁止理由をスポーツ倫理学において論じる場合，ドーピング禁止という規則が存在することを前提とするここまでの立場のほかに，ドーピング禁止という規則そのものの正当性を問う立場があるとされている．後者に関する学術的な議論では，ドーピング禁止の理由は（1）不正（2）スポーツの歪曲化（3）非自然性（4）有害性（社会悪・身体への影響）に分類されるが，これらに対して確固たる根拠を明示しきれていないため，ドーピング禁止の正当性には揺らぎがあると指摘されている［友添

2017：72-74］．例えば，（4）については，M.W. ブラウンが J. S. ミルの『自由論』[1986：16] における自由概念を参考に，身体への有害性がドーピング禁止の理由として妥当かどうかを考察した [1980：15-23；1984：14-22]．ここでブラウンは，判断能力のある成人に限り，競技者が薬物使用の危険性を熟知したうえでドーピングをしたとしても，自由主義社会においては他人はそれを否定できないとの見解を示した [友添 2017：75]．この論理に対して明確な禁止理由を提示できなければ，ドーピング禁止の正当性を主張できないことになる．この問題に関しては，竹村 [2015：77-85] が，イマニュエル・カントの自己義務[2]の概念を用いてドーピング禁止の根拠をみいだせるとしている．このように，現在もドーピング禁止の正当性をめぐって論争が続いている．

　アンチ・ドーピング活動の推進とともに，ドーピング禁止の正当性に関するさらなる学術的議論が望まれる．

注

1）WADA-Code では，倫理観およびフェアプレーと誠意，健康，卓越した競技能力，人格と教育，楽しみと喜び，チームワーク，献身と真摯な取組み，規則・法を尊重する姿勢，自分自身とその他の参加者を尊重する姿勢，勇気，共同体意識と連帯意識の 11 項目がスポーツ固有の価値としてあげられている [JADA 2018a：11-12]．これらは「スポーツの精神」とも呼ばれ，オリンピズムの真髄であるとされる．

2）竹村 [2015：83-84] によると，カントの自己義務は「自己の人間性を破壊しないこと」と表される．例えば，勝利追求という特定された目的に対する身体や生命への毀損行為の規制は，他者だけでなく自分自身にも向けられる．そこから，自身の人間性や道徳性を破壊してはならないという内なる規制がみいだされる．カントの自己義務に関する詳細は，竹村の論文 [2014　53-66] を参照されたい．

引用・参考文献

浅川伸 [2011]「わが国におけるドーピング違反事例の実情と対策」『YAKUGAKU ZASSHI』131（12）．

朝内大輔・石垣亨・田中望 [2009]「思春期にある男子中学生の誕生期による体格・体力および体組成の違いの検証」『東海保健体育科学』31．

今西孝至・川端崇義・高山明 [2017]「日本アンチ・ドーピング機構のドーピング防止規律パネル決定報告を基にした日本のドーピングの現状及び今後の薬剤師によるアンチ・ドーピング活動に対する考察」『YAKUGAKU ZASSHI』137（7）．

Issurin, V. [2010] "New Horizons for the Methodology and Physiology of Training Periodization," *Sports Medicine,* 40（3）．

Vaeyens, R., Güllich, A., Warr, CR.and Philippaerts, R. [2009] "Talent identification and promotion programmes of Olympic athletes," *Journal of Sports Sciences*, 27 (13).

Verhoshansky, Y. [1999] "The end of "Periodization" in the training of high-performance sport," *Modern Athlete and Coach*, 37（2）.

薄井健介・小室治孝・月村泰規・渡辺雄一・神雅人・伊藤千裕・井口智恵・野島浩幸・井上岳・厚田幸一郎 [2013]「スポーツファーマシストによるドーピング防止教育と医薬品管理の効果」『医療薬学』39（6）.

遠藤敦 [2017]「Sportsmedicine Dialogue, アンチ・ドーピングの知識」『Sportsmedicine』191.

岡田猛 [2004]「相対的年齢（Relative Age）としての生まれ月と高度スポーツへの社会化：2002 年のプロ野球選手の分析」『鹿児島大学教育学部研究紀要. 人文・社会科学編』55.

勝田隆（友添秀則監修）[2018]『スポーツ・インテグリティの探求——スポーツの未来に向けて——』大修館書店.

河合一武・山本大・加藤朋之・高藤順 [2018]「少年期サッカー選手の誕生月偏向に関する一考察：誕生月偏向は小学何年生から始まるか」『Football Science』15.

川口大司・森啓明 [2007]「誕生月と学業成績・最終学歴」『日本労働研究雑誌』569.

桜井智野風・三宅聡 [2014]「選手のタレント発掘およびトランスファーへの試み」『陸上競技研究紀要』10.

杉林孝法 [2014]「スウェーデン陸上競技事情——オルグリューテ IS の試合計画と年間トレーニング周期——」『陸上競技研究』97（2）.

杉林孝法 [2018]「跳躍を科学する」，金沢星稜大学人間科学部スポーツ学科編『スポーツ科学概論』金沢星稜大学人間科学部スポーツ学科.

竹村瑞穂 [2015]「人間の尊厳を破壊するドーピング——金メダリストをデザインすることはなぜいけないのか——」友添秀則編『現代スポーツ論評』32.

Delorme, N., Boiche, J. and Raspaud, M. [2010] "Relative age and dropout in French male soccer," *Journal of Sports Sciences*, 28（7）.

友添秀則編 [2017]『よくわかるスポーツ倫理学』ミネルヴァ書房.

日本アンチ・ドーピング機構（JADA）監修 [2013]『アンチ・ドーピングを通して考える —スポーツのフェアとは何か—』日本アンチ・ドーピング機構.

藤川健司・佐久間康太・谷川聡・河合季信・村木征人 [2007]「陸上競技跳躍種目における競技的状態の判定ゾーンの再検討」『日本スポーツ方法学会第 18 回大会号』日本スポーツ方法学会.

Brown, W.M. [1980] "Ethics, drugs and sports," *Journal of the Philosophy of Sports*, 7.

Brown, W.M. [1984] "Paternalism, Drugs, and Nature of Sports," *Journal of the Philosophy of Sports*, 11.

Matvejev, L.P. [1977] *Основы спортивнои тренировки*, Москва（江上修代訳『ソビエトスポーツ・トレーニングの原理——スポーツ王国ソビエト　その強さを探る——』白帝社, 1985 年）.

Матвеев, Л. П. [1991] Теория и методика физической культуры,（魚住廣信監訳・佐藤雄亮訳『ロシア体育・スポーツトレーニングの理論と方法論』ナップ, 2008 年）.

Mill, J.S. [1986] *On Liberty*, New York: Prometheus book.

森丘保典 [2014]「タレントトランスファーマップという発想——最適種目選択のためのロードマップ——」『陸上競技研究紀要』10.

Mujika, I., Vaeyens, R., Matthys, S.P.J., Santisteban, J., Goiriena, J.and Philippaerts, R. [2009] "The relative age effect in a professional football club setting," *Journal of Sports Sciences*, 27 (11).

村木征人 [1984]「日本のジャンパーは早熟型・未熟型――世界の一流ジャンパーとの記録発達の比較――」『月刊陸上競技』13 (11).

村木征人 [1994]『スポーツトレーニング理論』ブックハウス・エイチディ.

山澤文裕 [2005]「ドーピング防止」『公認スポーツ指導者養成テキスト 共通科目Ⅲ』日本体育協会.

渡邊將司・森丘保典・伊藤静夫・三宅聡・森泰夫・繁田進・尾縣貢 [2013]「オリンピック・世界選手権代表選手における青少年期の競技レベル――日本代表選手に対する軌跡調査――」『陸上競技研究紀要』9.

web

官報号外第 132 号 [2018]「スポーツにおけるドーピングの防止活動の推進に関する法律」（https://kanpou.npb.go.jp/old/20180620/20180620g00132/20180620g001320005f.html, https //kanpou.npb.go.jp/old/20180620/20180620g00132/20180620g001320006f.htm, 2018 年 12 月 23 日閲覧）.

スポーツ庁 [2018]「運動部活動の在り方に関する総合的なガイドライン」（http://www.mext.go.jp/sports/b_menu/shingi/013_index/toushin/__icsFiles/afieldfile/2018/03/19/1402624_1.pdf, 2019 年 2 月 18 日閲覧）.

日本アンチ・ドーピング機構（JADA）[2018a]「世界アンチ・ドーピング規定 2015 版（日本語翻 訳）」（https://www.playtruejapan.org/upload_files/uploads/2018/04/wada_code_2015_jp_20180401.pdf, 2018 年 12 月 20 日閲覧）.

日本アンチ・ドーピング機構（JADA）[2018b]「日本アンチ・ドーピング規定 2015 版, ver4.0」（https://www.playtruejapan.org/upload_files/uploads/2018/04jadacode2015v4_20180401.pdf, 2018 年 12 月 20 日閲覧）.

日本アンチ・ドーピング機構（JADA）[2018c]「2017 年度アンチ・ドーピング規則違反決定一覧表」（ｎttps://www.playtruejapan.org/upload_files/uploads/2018/08/result-h29_20180820.pdf, 2018 年 12 月 29 日閲覧）.

日本アンチ・ドーピング機構（JADA）[2019a]「アンチ・ドーピングとは」（https://www.playtruejapan.org/about/, 2018 年 12 月 20 日閲覧）.

日本陸上競技連盟 [2015]「タレントトランスファーガイド」（https://www.jaaf.or.jp/development/ttmguide/, 2019 年 1 月 10 日閲覧）.

日本陸上競技連盟 [2018]「第 49 回ジュニアオリンピック陸上競技大会要項」（https://www.jaaf.cr.jp/competition/detail/1281/, 2018 年 12 月 20 日閲覧）.

日本スポーツ振興センター（JSC）[2017]「ドーピング通報窓口」（https://www.report-dopirg.jpnsport.go.jp/form/, 2018 年 12 月 23 日閲覧）.

日本スポーツ振興センター [2018]「日本スポーツ振興センターパンフレット」（https://www.jpnsｃort.go.jp/Portals/0/jscbrochure2018.pdf, 2018 年 12 月 20 日閲覧）.

文部科学省 [2005]「スポーツにおけるドーピングの防止に関する国際規約」（http://www.mext.go.jp/unesco/009/003/017.pdf, 2018 年 12 月 23 日閲覧）.

文部科学省 [2007]「スポーツにおけるドーピングの防止に関するガイドライン」（http://www.mext.go.jp/sports/b_menu/sports/mcatetop10/list/detail/__icsFiles/afieldfile/2016/Ｊ6/22/1372226_02.pdf, 2018 年 12 月 23 日閲覧）.

文部科学省 [2011]「スポーツ基本法」（http://www.mext.go.jp/a_menu/sports/kihonhou/

attach/1307658.htm，2018 年 12 月 23 日閲覧）.

（杉林孝法）

コラム2 — Ｊリーグの挑戦

●Ｊリーグ誕生

　ホームタウンで愛されるクラブを目指すＪクラブは，設立当初より積極的に地域貢献活動を行ってきた（**写真１**）．1993年，NPB（以下プロ野球）に遅れること半世紀，ボールゲームとして日本で２番目のプロスポーツリーグ，Ｊリーグが誕生した．当初10のクラブでスタートしたＪリーグだが，翌年から参入クラブを増やしつづけ，1999年のＪ２，2014年のＪ３創設を経て，今シーズン（2019年度）は，Ｊ１が18クラブ，Ｊ２が22クラブ，Ｊ３が15クラブの合計55クラブが加盟するリーグに成長した．Ｊリーグがプロ野球と大きく異なる点は，チームの名称に企業名をつけず，地域名をつけることを義務づけたことだ．ホームタウン制が定着した今では当たり前と思われているが，スタート時点においては画期的な取組みであった．

●Ｊクラブの地域貢献

　ホームタウンで愛されるクラブを目指すＪクラブは，設立当初より積極的に地域貢献活動を行ってきた．2017年度のホームタウン活動調査結果によると，Ｊクラブの年間地域貢献活動回数は全54クラブ合計17832回，１クラブあたり年間330回，ほぼ毎日，地域貢献活動を行っている計算になる．

　地域貢献活動の内容だが，大きく分けて３つの取組みがある．最も多いのは健康増進を目的としたスポーツ振興に関する活動だ．小学校や幼稚園等に出向いてサッカー教室などを行うことが多く，地域貢献活動全体の68.9％を占めた．ふたつめに多い（21.1％）地域振興活動とは，例

写真1　ツエーゲン金沢の地域貢献活動（新聞広告）
© ツエーゲン金沢

えばホームタウンの商店街に選手を派遣してトークショーやサイン会を実施するなど，地元をさまざまな形で盛り上げる活動だといえる．3つめは社会課題を解決するための活動である．これも具体的な例をあげると，法務省が主唱する「社会を明るくする運動」の啓蒙活動をＪクラブが地域の人々と一緒になって行っている．犯罪や非行を防止し，罪を犯した人たちの更生について理解を深め，それぞれの立場において力を合わせ，犯罪のない地域社会を築こうとする運動を，プロスポーツの持つメッセージ力などを活用することで貢献しようというものだ．

コラム2　Jリーグの挑戦　101

● 住みたい街 川崎 と 川崎フロンターレ

　現在，私が居住している川崎市武蔵小杉からほど近い所に川崎フロンターレのホームスタジアム等々力競技場がある．2017 年，2018 年と J1 を連覇して今や強豪クラブの仲間入りをしたが，その道のりは険しく，クラブの地道な努力によるところが大きい．Jリーグに参入したのは 1999 年と，J1 優勝経験クラブ中で最も遅い．決して歴史のある名門クラブではない．私の教え子！（小学校の彼を指導した）中村憲剛が 2003 年に入団したこともあり，J2 時代から観戦に訪れているが，2003 年の平均観客数は 7258 人しか埋まらず，試合開始直前に行っても良い席で観戦ができた．しかし 2018 年の平均観客数は 2 万 3218 人と過去最高を記録し，現在の等々力競技場の収容人数 2 万 6827 人から約 3 万 5000 人規模への増築することが決まった．

　川崎フロンターレが強豪クラブとなったのは，親会社が投資をして実績のある選手や外国人選手を獲得したからではなく，地道な経営努力をとおして，少しずつ収入を積み上げてチーム力を向上させた結果であった．特に，川崎フロンターレの地域貢献活動はバラエティーに富んでおり，高い評価を受けている（Jリーグが毎年実施する「Jリーグスタジアム観戦者調査」において，川崎フロンターレは「Jクラブがホームタウンで大きな貢献をしているか」が 5 段階評価で 4.9 であった）．全国的にも有名な「川崎フロンターレ算数ドリル」は川崎市内の公立小学校全校の小学 6 年生と特別支援学校に配布され，教科書の副教材として使用されている．現在は川崎市内の全校に広がっているが，当初は一校のみの企画としてはじまった．また，川崎浴場組合連合会とタイアップした「いっしょにおフロンたーれ」は，川崎市内の公衆浴場（銭湯）に行くことを促進する企画で，企画製作した風呂桶を優勝時に頭上に掲げて大きな話題にもなった．ドリルにしても，銭湯の取組みにしても，ポイントは川崎フロンターレと地域住民の接点を増やすことで，両者の距離

を縮めていくことができた点である．それがサッカーやスポーツが好きな人だけでなく，誰もが日常的に触れるもの（例えば算数ドリル）を用いることで広がりが加速し，サポーターを超えた地域全体に川崎フロンターレを浸透させるきっかけとなった．

　川崎市は，かつて大気汚染の町として多くの人に知られており，東京都と横浜に挟まれ，住みたくない町の代表格として扱われていた．2000年代に入り，武蔵小杉駅前の大企業が撤退したことでタワーマンションの建設がはじまり，ときを同じくして，川崎フロンターレの地域に密着した活動がスタートした．そして，リーグ初優勝をした2017年には「住みたい街ランキング」で上位となった．これは，川崎フロンターレという地域を代表するサッカークラブが地域に貢献し，地域で重要な役割を果たしていると認められていることと無関係な話ではないだろう．

●Jリーグの地域貢献の今後

　Jリーグは，地域活動の考え方をさらに変化（進化）させようとしている．プロスポーツが地域から支えられる存在から，プロスポーツが地域を支える存在になることを目指して「Jリーグをつかおう！」とのキャッチフレーズを掲げた挑戦をはじめた．

　これまでの「Jリーグが地域貢献活動をする」という発想では，人口の1％程度にしかスポーツ文化を提供できていないとの気づきから「地域の人がJリーグをつかう」に主語を変えて，新たな社会連携の仕組みを構築しようとしている．これまでの地域貢献活動＝普及活動＝ファン獲得の構図ではなく，Jリーグ（クラブ）コンテンツを地域の人に活用してもらうことで，地域の未来を創造していくことが最大のねらいだ．

　Jリーグが単にサッカーを興行する組織ではなく，地域の人々の生活に役立ち，地域とともに未来を共創するために役立つ組織として発展していくことへの挑戦は，スポーツが文化となり，社会に欠かせないもの

となるための第一歩だと考える．

（佐々木達也）

Chapter 5 地域スポーツクラブが拓く地域の未来
——総合型地域スポーツクラブ——

I 地域の課題解決と総合型地域スポーツクラブ

(1) 地域社会が抱える課題

あなたが生まれ育った地域は現在どんな課題を抱えているだろうか．

人口減少や少子化高齢化によって，かつて通っていた小学校が統合や廃校になった，所属していた部活動が廃部になった，神輿のかつぎ手不在で祭が縮小された，使われない田畑（耕作放棄地）が増えて荒れ地になっている，利用客数の減った鉄道やバスが廃線になった，といった経験をした人もいるかもしれない．また，孤独死者数は2万6821人（2010年）といわれるなど地域の人と人とのつながりの希薄化は「無縁社会」と呼ばれることもある．

要介護認定を受けた65歳以上人口が435万人超（2015年），生活習慣病関連死は全死亡数の51.4％（2017年），文部科学省「体力・運動能力調査」にみる子どもの体力・運動能力の低下，軽度発達障害児の出現頻度が8〜9％（2006年），精神障害者数361万人（2014年），年間自殺者数2万人（2017年）といった数字からは，地域で生活する私たち個々人の心身が何かしらの課題にさらされていることがみてとれる．

加えて，地震，津波，暴風，豪雨，洪水などの自然災害は「あたりまえの日常生活」を突如として奪い去り，常日頃からの防災意識やリスクマネジメントの重要性を私たちに訴えると同時に，物質的・経済的な豊かさとは別の「幸福」とは何かを私たちに問いかける．

（2）地域課題の解決を目指す取組み

　上記の課題はごく一部のものであり，個別の地域が抱える課題，そして日本社会全体が抱える課題はさらに広範かつ多様に存在している．それに対して，これらの課題解決を目指す取組みも進んできている．1995年1月17日に発生した阪神・淡路大震災の際，全国各地から震災支援ボランティアが集まった．こうした市民が主体的に行うボランティア活動の広がりは，1998年12月特定非営利活動促進法（通称「NPO法」）の施行へとつながり，それぞれが掲げる活動理念に基づき，地域課題や社会的課題の解決に取組むNPO（Non-Profit-Organization）法人を各地に生み出した．2019年1月末時点でのNPO法人（認定NPO法人を含む）の数は5万2779団体となっている．

　近年では，社会や地域の課題をビジネスの手法を用いて解決しようとする社会的企業（ソーシャル・ビジネス）やコミュニティ・ビジネスの台頭が，高等学校の公民の授業で使用される「高校政治・経済」の教科書に掲載されるなど，その存在に対する関心や認知度の高まりがうかがわれる．

（3）地域課題の解決と総合型地域スポーツクラブ

　スポーツの分野でも，地域課題の解決を目指す取組みが求められている．そのひとつとして，「総合型地域スポーツクラブ」（以下，「総合型クラブ」）がある．2000年に文部科学省が示した「スポーツ振興基本計画」では，① 国民の誰もが，それぞれの体力や年齢，技術，興味，目的に応じて，いつでも，どこでも，いつまでもスポーツに親しむことができる生涯スポーツ社会の実現，② 成人の週1回以上のスポーツ実施率50%（二人に一人）の達成，という2点が政策目標として掲げられた．その達成にむけ，地域で日常的にスポーツを行う場として，総合型クラブの創設及び育成が全国展開された．当初はスポーツ活動を行う場の創出を主目的とした総合型クラブであったが，2012年の「スポーツ基本計画」では，地域の課題（学校・地域連携，健康増進，体力向上，子育て支援等）解決への貢献も視野に入れた，コミュニティの核としての役割を総合型クラブが

担うことへの期待が示された．山積する地域課題の解決に対して，総合型クラブは具体的にどのように貢献することができるのだろうか．

2 総合型地域スポーツクラブの現状と課題

（1）総合型地域スポーツクラブの認知度

そもそも，読者のみなさんは「総合型地域スポーツクラブ」ということばを耳にしたことがあるだろうか．「総合型地域スポーツクラブ育成状況調査（文部科学省・スポーツ庁）」の結果では，2018年7月1日時点で，日本国内に3599クラブが存在している．全国1741市区町村のうち1407市区町村でクラブが創設され，育成率は80.8%となっている（図5-1）．

これだけの数と範囲で総合型クラブが普及しているのであれば，「総合型地域スポーツクラブ」という名称を耳にするだけでなく，実際に総合型クラブで活動している人も多いと考えられる．しかしながら，筆者が大学講義の受講生に対して同様の問いかけをしても，そのような回答が得られることはごくわずかである．全国に約3600もの総合型クラブがあるにもかかわらず，地域住民にとって身近なクラブ，あるいは，地域に必要なクラブとして，総合型クラブに対する認知が高まりきらないのはなぜだろうか．

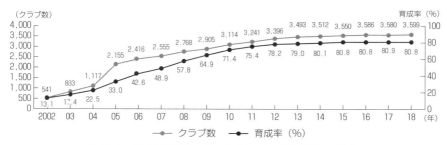

図5-1　総合型地域スポーツクラブの設置状況の推移

出所）総合型地域スポーツクラブに関する実態調査（平成27（2015）年度までは文部科学省，それ以降はスポーツ庁）．

（2）総合型地域スポーツクラブの特徴

　ここでは総合型クラブの特徴を知ることで，総合型クラブへの理解を進めていきたい．文部科学省が 2001 年に示した「総合型地域スポーツクラブ育成マニュアル」では，総合型クラブは「人々が，身近な地域でスポーツに親しむことのできる新しいタイプのスポーツクラブで，（1）子どもから高齢者まで（多世代），（2）様々なスポーツを愛好する人々が（多種目），（3）初心者からトップレベルまで，それぞれの志向・レベルに合わせて参加できる（多志向），という特徴をもち，地域住民により自主的・主体的に運営されるスポーツクラブ」と説明されている．以下ではキーワードである，① 多種目，② 多世代，③ 多志向，④ 活動拠点，⑤ 自主運営の 5 つの特徴について，具体的な事例を交えながらみていこう．

特徴 ① ：多種目（複数の種目が用意されている）

● NPO 法人フォルダ（岩手県北上市）

　NPO 法人フォルダは「スポーツと健康，心と心が通じ合う笑顔あふれるまちづくり」を理念に掲げ，スポーツ・運動教室，文化教室等の定期活動や花見，キャンプなど多くのイベントを実施している．「フォルダより 2019 No.153 特別号」（写真 5-1）では，19 の教室で参加者を募集している．幼児・小学生運動教室，テニス，バドミントン，ダンス，新体操，体幹トレーニング，ストレッチヨーガ，スポーツ吹き矢，沖縄エイサー，元気運動教室，書道，茶道など多数の種目が用意されている．また，2019 年 4 月からは「多種目のススメ」という教室を開催し，ひとつの教室の中でバスケットボール，バドミントン，サッカー，野球，テニス，陸上の 6 つの競技を月ごとに行い，「色々な競技を楽しみたい」というニーズに応えようとしている．

教室名	対象	曜日	時間	開催日	場所	会費	支払	講師	備考
キンダー・キッズ（幼児・小学生運動教室）	幼児	火	15:00-16:00	9・16・23	北上市民柔剣道場	500円/回	券	フォルダスタッフ	―
	小学1・2年生		16:00-17:00						
	小学3～6年生		17:00-18:00						
多種目のススメ	幼児	木	15:00-16:00	11・18・25	北上勤労者体育センター				
	小学生		16:00-17:00						
親父教室	どなたでも	火	18:30-19:30	9・16	フォルダパーク				
テーマパークダンス	年少～2年生	水	17:30-18:30	3・10・17・24				髙橋由衣	
	3年生以上		18:40-19:40						
こどもテニス	小学生	火	17:00-18:00	9・16・23	黒沢尻体育館			菊池亜紀	※予約制 申込みは黒沢尻体育館へ 65-0611
インラインスケート	年長～中学生	日	14:30-15:30	28	サンレック北上			海野義範 上田純一 他スタッフ	※予約制（用具貸出有）申込みはサンレック北上へ 64-5500
運動会前特別プログラム	小学生	第2.4金	17:30-19:00	12・26	多目的催事場	800円/回	現金	西舘 敦	和賀東小学校隣にある施設です
エンジョイ新体操	幼児	土・日	13:00-14:00	7・20	北上市民柔剣道場	500円/回	券	長屋あゆみ	※予約制 各40名
	小学生		14:00-15:00						
体幹トレーニング	どなたでも	水	19:30-20:30	10・17・24	北上勤労者体育センター 管理棟 等	500円/回	券	フォルダスタッフ	-
	小・中学生	木	18:00-19:00	11・18・25					
	どなたでも		19:00-20:00						
		金	13:30-14:30	12・19					
らくらくステップ	概ね50歳以上		10:00-11:00						

教室名	対象	曜日	時間	開催日	場所	会費	支払	講師	備考
みんなのバドミントン	どなたでも	土	19:00-21:00	5・12・29・26（予定）	北上勤労者体育センター	100円/回	現金	―	ラケット・シャトルは各自ご持参ください。
ストレッチヨーガ		水	19:00-20:00	3・10・17・24	北上勤労者体育センター管理棟 等	500円/回	券	工藤文子	―
		木	11:00-12:00	4・11・18・25					
スポーツ吹矢			10:30-11:30					日本スポーツ吹矢協会	
沖縄エイサー		第1.3火	20:00-21:00	2・16	サンレック北上			佐野淳一	
サンレック元気運動教室	概ね55歳以上	木	12:00-13:00	11・18・25				フォルダスタッフ	
活脳運動教室	概ね70歳以上		13:00-14:30		北上勤労者体育センター等管理棟				
たのしい書道 毛筆コース	年中～中学生	第1.3金	18:30-20:30（うち1時間指導）	5・19		1,000円/月 ※用具代別	現金	池田竹水	定員に達しましたので一時受付を停止いたします。キャンセルが出た場合に再度受付いたします。
	高校生以上		18:30-20:30（うち1時間半指導）			1,500円/月			
たのしい書道 硬筆コース	年中～中学生	第2.4金	18:30-20:30（うち1時間指導）	12・26		1,000円/月			見学・お申込み希望の方は前もってご連絡ください。
	高校生以上		18:30-20:30（うち1時間半指導）			1,500円/月			
たのしい茶道	どなたでも		17:30-19:30			2,000円/月		宮本綾子	

※フォルダ新体操クラブの詳しい日程につきましては、あゆみコーチにお問い合わせください。

facebookやっています

教室スケジュールや最新イベント情報を定期配信！
皆さんの手元にあるパソコン、携帯電話やスマートフォンから
どなたでも自由にご覧いただけます。
ぜひ一度ご覧ください♪

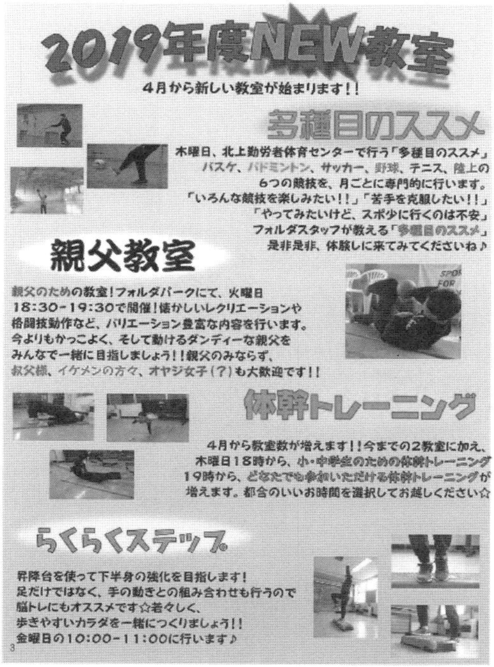

2019年度NEW教室

4月から新しい教室が始まります!!

多種目のススメ

木曜日、北上勤労者体育センターで行う「多種目のススメ」
バスケ、バドミントン、サッカー、野球、テニス、陸上の
6つの競技を、月ごとに専門的に行います。
「いろんな競技を楽しみたい!!」「苦手を克服したい!!」
「やってみたいけど、スポ少に行くのは不安」
フォルダスタッフが教える「多種目のススメ」
是非是非、体験しに来てみてくださいね♪

親父教室

親父のための教室！フォルダパークにて、火曜日
18:30-19:30で開催！懐かしいレクリエーションや
格闘技動作など、バリエーション豊富な内容を行います。
今よりもかっこよく、そして動けるダンディーな親父を
みんなで一緒に目指しましょう!!親父のみならず、
叔父様、イケメンの方々、オヤジ女子（?）も大歓迎です!!

体幹トレーニング

4月から教室数が増えます!!今までの2教室に加え、
木曜日18時から、小・中学生のための体幹トレーニング
19時から、どなたでも参加いただける体幹トレーニングが
増えます。都合のいいお時間を選択してお越しください☆

らくらくステップ

昇降台を使って下半身の強化を目指します！
足だけではなく、手の動きとの組み合わせも行うので
脳トレにもオススメです☆若々しく、
歩きやすいカラダを一緒につくりましょう!!
金曜日の10:00-11:00に行います♪

3

写真 5-1 「フォルダより」での教室活動紹介と参加者募集

出所）NPO 法人フォルダ Facebook.

写真 5-2　バレエ教室の活動
出所）NPO法人かなざわ総合スポーツクラブHP.

写真 5-3　スケート教室の活動
出所）NPO法人かなざわ総合スポーツクラブHP.

特徴②：多世代（子どもから高齢者まで参加することができる）

● NPO法人かなざわ総合スポーツクラブ（石川県金沢市）

　NPO法人かなざわ総合スポーツクラブは「スポーツの力で"元気とうるおいのある生活"を創造する」をミッションとし，気軽にはじめられるスポーツ教室を多数展開している．2018年度版のパンフレットでは34教室で会員を募集している．陸上，バドミントン，テニス，ハンドボール，キンボール，スポーツチャンバラ，ヒップホップダンス，バレエ（写真5-2），スケート（写真5-3），健康づくりなど種目数も多い．募集対象は，幼児，小学生，小学生以上，小学生親子，中学生，中学生以上，高校生～一般，中・高齢者まで多世代の参加を受け入れている．「障がいのある方」を対象とした陸上教室も開催されている．大学教員，大学生，競技協会関係者など，関係機関との連携により，多様な人材を指導者として活用している点も注目すべき点である．

特徴③：多志向（自分が楽しめるレベルで，自分の目的に合わせて）

● NPO法人SCC（スポーツ・コミュニケーション・サークル）（鹿児島県鹿児島市）

　NPO法人SCCは企業陸上部の廃部によって活動場所を失った元スプリンター（現理事長）が立ち上げたクラブである．「スポーツは，Like・Love・Life」をクラブミッションに掲げ，陸上競技，サッカー，幼児体操，健康体操の4部

Chapter 5 ▶ 地域スポーツクラブが拓く地域の未来　　111

写真 5-4　総合型陸上競技クラブの活動
出所）NPO 法人 SCC HP.

写真 5-5　ジュニア陸上競技スクールの活動
出所）NPO 法人 SCC 事務局より提供．

門で定期教室を開催するほか，スポーツ指導者派遣事業，イベント開催事業等を展開し，地域の豊かなスポーツライフや人と人のつながりの拡大を目指している．特筆すべき取組みとして，「総合型陸上競技クラブ」がある（写真5-4）．対象は 6 歳から上は年齢制限なしとなっている．SCC のホームページによれば，総合型陸上競技クラブは，小学生からマスターズまでの幅広い世代が所属し，異世代が交流をしながらスポーツを楽しむとともに，初心者からトップレベルを目指す選手までジュニア期からの一貫指導体制が取られている．また，クラブ A（アスリート）：短距離，跳躍，投擲（とうてき）など，中学生以上の選手プログラム．クラブ B（ジュニア）：小学生を中心としたスポーツ基礎習得，スポーツの楽しさを学ぶプログラム（写真5-5）．クラブ C（ランニング）：ランニング，ジョギング，マラソン大会出場等を目指すプログラム．クラブ D（ハンディキャップ）＝ハンディキャップアスリートのプログラム．からだリフレッシュ教室＝日常生活を快適に過ごすための軽運動プログラム．という 5 つのブロックに分かれて練習を行っており，それぞれの参加者が自分のレベルや目的に合わせ「多志向」の活動を行っている．

写真5-6 定期教室活動
出所) NPO法人ゆうゆうスポーツクラブ海南HP.

写真5-7 海南市総合体育館
出所) NPO法人ゆうゆうスポーツクラブ海南事務局より提供.

特徴④：活動拠点（定期的な活動を行うスポーツ施設，交流拠点になるクラブハウス）

● NPO法人ゆうゆうスポーツクラブ海南（和歌山県海南市）

　NPO法人ゆうゆうスポーツクラブ海南は，「環境づくり」，「人づくり」，「健康づくり」「きずなづくり」，「スポーツの振興」の5つのミッションをかかげ，「スポーツの力」と「地域の絆」で人の心と体，そしてまちを元気にすることを目指している．子どもから大人までを対象としたさまざまな定期教室活動（写真5-6）や，幼稚園・保育園，小学校，学校部活動での巡回指導，健康増進や子どもの体力向上など地域課題解決に向けた取組みも行っている．これらの活動は，小中学校のグラウンドや体育館などの学校体育施設，海南市民体育館，海南市総合体育館（写真5-7）などの公共スポーツ施設を拠点としている．また，ゆうゆうスポーツクラブ海南は海南市体育協会との共同事業として，「海南市スポーツ振興グループ」を組織し，海南市内各施設の「指定管理者」となり，海南市総合体育館をはじめ，市民運動場，テニスコート，スポーツ広場などを管理運営している．

　総合体育館内にはゆうゆうスポーツクラブ海南の事務局が設置されており，クラブスタッフが常駐している．クラブへの入会手続き，教室・イベントへの参加申込みや問合せ対応，クラブに関する情報の発信と集約の拠点となっている．また，クラブ関係者によるミーティングや会議が行われる会議室もあり，

人と情報が交流する拠点としてのクラブハウス機能を発揮している.

特徴 ⑤：自主運営 （地域住民が自主的・主体的に運営する）

特徴 ① 〜 ④ において事例として取りあげた総合型クラブは地域住民が自主的・主体的に運営する「自主運営」を原則としている. 地域住民にとっての総合型クラブへのかかわり方には大きく分けてふたつのパターンがある. ひとつは会員として定期教室やイベントなどのクラブ活動へ参加者としてかかわる方法である. もうひとつは理事・運営委員 (役員), クラブマネジャー, 事務局員, 指導者, イベントボランティアなどとしてクラブ運営へ参画者としてかかわる方法である. 普段は会員として教室に参加するが, イベントの際にはボランティアスタッフとして運営に回る場合もあれば, 教室指導者が役員を兼務するケースもある. 事務局の中心的な役割を担うクラブマネジャーや事務局員はクラブの事業規模や運営方針に応じて, 有償・フルタイム雇用, 有償・パートタイム雇用, 無償など多様な就労形態がある.

また, 自主運営の中には「受益者負担」の考え方も含まれる. クラブ運営にかかる費用 (例えば, 指導者への指導謝礼金, 会場使用料, 活動で使用する物品購入費, 事務諸経費など) については, スポーツ活動機会の獲得やそれに付随する便益を享受している受益者が会費, 参加費などの名目で負担するのである.

（3）総合型地域スポーツクラブの現状

総合型クラブの特徴を知り, みなさんはどう感じただろうか.「参加してみたい」,「自分の地域にもこんなクラブがあればいい」といった感想を持った人もいるだろう. ここでは, 総合型クラブを対象とした全国調査の結果から, 全国の総合型クラブの概況をみてみよう.

図 5-2 は総合型クラブで活動している会員数の推移を示したものである. 会員数が 101〜300 人のクラブの割合が最も多く, 2008 年度から 2017 年度までその傾向は変わっていない. 会員数 301〜1000 人のクラブ, 会員数 1 〜100 人

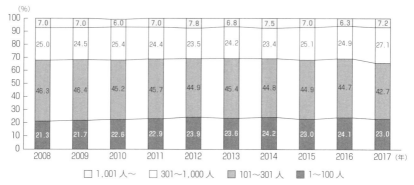

図 5-2　総合型地域スポーツクラブの会員数の推移

注）2008 年度調査にはなかったが 2017 年度調査で項目追加となった「年齢不明（22.0%）」については，全体から差引いて再計算している．
出所）総合型地域スポーツクラブに関する実態調査（平成 27（2015）年度までは文部科学省，それ以降はスポーツ庁）．

のクラブがそれに続く．会員数 1001 人以上のクラブは最も割合が少ない．一概には言い切れないが，このような傾向を見る限り，クラブ創設から活動年数を重ねるなかで，新たな教室やイベントを次々と展開し続け，会員数を右肩上がりに増やし続けている総合型クラブが多いというイメージはもちにくい．どちらかといえば，創設時の会員数や活動内容をベースとし，多少の増減はあるものの，一定の規模感で会員数を推移させている総合型クラブが多いのではないかと考えられる．

　図 5-3 は総合型クラブの会員の 2008 年度と 2017 年度の年齢構成を示している．会員の年齢構成では，両年度ともに小学生が最も多く，次いで 60，70 代の高齢者層が多い．逆に高校生，20 代といった若者層は少ない．また，2008 年度と 2017 年度を比較すると，年齢構成の構造は，未就学児，小学生，60 代，70 代の各年代でその割合が増加し，その他の年代では減少している．子どもから高齢者までの誰もが気軽にスポーツを楽しむことができるという「多世代」のコンセプトが実現されていないクラブも多いようである．

　図 5-2 で示された会員数推移や，図 5-3 で示された会員の年齢構成内訳をみ

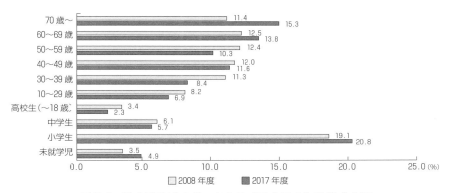

図 5-3　総合型地域スポーツクラブの会員の年齢構成内訳

出所）総合型地域スポーツクラブに関する実態調査（平成 27（2015）年度までは文部科学省，それ以降はスポーツ庁）．

る限り，全国に約 3600 もの総合型クラブがあるにもかかわらず，地域住民，特に本書の主たる読者層である，高校生や大学生といった若者世代にとって，総合型クラブが身近な存在になっていないのは，自分たちが実際に会員となってスポーツ活動を行う場にはなり得ていないことに一因があるのではないだろうか．

実態として，その存在価値を発揮することができなくなり，解散や統廃合を迎える総合型クラブも増加し続けている．**図 5-4** は活動休止中のクラブ，解散や統廃合となったクラブ数を示したものである．

図 5-4　活動休止中クラブ，解散・統廃合等クラブ数の推移

出所）総合型地域スポーツクラブに関する実態調査（文部科学省，スポーツ庁）．

2018 年度の活動休止中クラブ（108）と解散・統廃合済みクラブ（327）の合計は 435 クラブとなり，クラブ総数 3599 クラブに対して，その約 12％と少なくない．2017 年度調査結果では，クラブが廃止（当該団体が解散）になった理由が明記されており，「クラブ運営のスタッフ確保が困難になったため（38.8％）」，「会員数が減少したため（30.9％）」，「財源の確保が困難になったため（27.2％）」の 3 つが上位を占めている．

筆者はここに大きな違和感を覚える．地域住民にとって必要なスポーツ活動の場を地域住民自身が自主的・主体的につくっていくというのであれば，その運営に必要なスタッフや財源といった経営資源の確保や獲得は，全ての総合型クラブにとって，活動継続のために避けては通ることができない組織運営上のマネジメント課題である．会員数が減少しているという状況も鑑みると，①「自主運営」のコンセプトがうまく浸透していない，② 総合型クラブが地域に必要不可欠な存在になり得ていない，という 2 点において，理想と現実との間に何かしらのギャップが生じていることが考えられる．

（4）総合型地域スポーツクラブの理想と現実とのギャップを生む要因

ここでは，前述の ①「自主運営」のコンセプトがうまく浸透していない，② 総合型クラブが地域に必要不可欠な存在になり得ていない，という 2 点のギャップについて，その要因を探っていきたい．

①「自主運営」のコンセプトがうまく浸透していない要因

本来，総合型クラブは地域住民が自主的，主体的に自分たちに必要なスポーツ環境をつくりだしていくための「仕組み」であり，地域住民の自主運営を原則とし，「住民主体」で展開されることが理想とされた．しかしながら，2000 年の「スポーツ振興基本計画」の中で「各市区町村に少なくともひとつ以上の総合型クラブを 2010 年までに設立する」という数値目標と実行期限が設定されたことで，行政にとって総合型クラブ設立は「達成すべきタスク」となり，

「行政主導」での総合型クラブの創設・育成が加速されていったのである．多くの地域において「行政主導」で進められた総合型クラブの創設及び育成は，地域住民を総合型クラブの「お客様」にしてしまった．クラブ事務局が行政担当課内に設置され，行政担当者が事務局員となるケースすらあった．さらに，総合型クラブの財源支援制度である toto 助成金によって，一時的に潤沢な運営資金を得たことで，会費を払ってクラブの活動に参加するという受益者負担の原則を浸透させることが先送りされてしまう状況も発生してしまった．このことは総合型クラブの創設及び育成が政策推進側からの「上からの目線」での取組みになっていたことに起因しているといえよう．これまでの総合型クラブの創設・育成を現場目線，地域住民目線から批判的に再検討し，これから総合型クラブが目指すべきビジョンを提示することができなければ，総合型クラブの存在意義や存在価値は失われていきかねないであろう．

② 総合型クラブが地域に必要不可欠な存在になり得ていない要因

　総合型クラブはフィットネスクラブ，テニスクラブ，スイミングクラブのように営利目的で経営される商業スポーツ施設とは異なり，スポーツ活動をしたい人の「私的」欲求を満たすにとどまらず，地域のスポーツ環境全体の底あげや盛りあげに貢献すべきである．さらに言えば，スポーツ愛好者たちが，自分たちがスポーツ活動の拠点としている地域の教育課題や生活課題，環境問題，高齢者問題など「公共の福祉」全体にかかわる地域課題に対しても関心の枠を広げ，その解決に貢献するための取組みを行っていくことで，地域における総合型クラブの存在意義を高め，地域に必要不可欠な存在となっていくのである．このような地域課題の解決を目指し，公共の福祉に貢献する視点を持たないまま，単なる消費対象としてのスポーツ実施機会を提供するだけの存在であれば，地域住民にとって，総合型クラブは商業スポーツ施設を含んだスポーツサービス事業者としてしかみなされず，安価で質の高い代替サービスにとってかわられてしまうだろう．「スポーツのクラブ」である以上に「地域のクラブ」であ

ることが総合型クラブには求められている.

⬛ 総合型地域スポーツクラブによる地域課題の解決

（1）地域課題解決に取組む総合型クラブ

　これまでの行政主導のクラブ創設・育成を地域住民目線から批判的に再検討し，住民主導でのクラブ運営を推進し，かつ総合型クラブが地域に必要不可欠な存在になるためのヒントは地域課題解決への取組みにあると考える.

　実際に各地で地域課題解決の取組みが蓄積されている．例えば，子どもの体力低下に歯止めをかけるべく，運動嫌いや運動が苦手な子ども達のための運動教室を開催するクラブ．両親が共働きで送迎ができずスポーツ教室に通うことができない子どものためにバスでの送迎を行ったり，学童保育のような放課後プログラムを展開するクラブ．高齢者の介護予防や，働き盛り世代のメタボ対策・運動不足解消に取り組むクラブ．子育て支援として，育児中の母親を対象とした託児付きのプログラムや親子一緒に参加できるプログラムを開催するクラブ．引きこもりがちな高齢者が気軽に集うことができるサロンの運営を行うクラブ．「買い物弱者」支援の取組みをショッピングセンターとのコラボで行うクラブ．学校部活動や小学校の体育の授業へ地域から指導者を派遣し，学校でのスポーツ・体育活動を支援するクラブ．地域の実情に合わせ，地域の資源を生かした地域課題解決の取組みが広がっている．このような取組みは，行政主導ではなく，生活者としての地域住民が発見した課題やニーズをふまえ，総合型クラブという「仕組み」を活用し，住民主導のアクションによってその解決を目指したものである．こうした地域課題解決の取組みにおいて必要な要素として，① 自分事としての課題やニーズを持った主体の存在，② 組織間での連携や協働という2点がある.

（２）ケーススタディ（事例から学ぶ）

ここでは，3つの事例を通じて，① 自分事としての課題やニーズを持ったどのような主体が，② どのような組織間での連携や協働によって，地域課題解決を進めていったのかをみていくこととする．

●事例 ① 夏休み宿題＆水泳教室（NPO法人クラブパレット：石川県かほく市）

夫婦共働き家庭にとって，子ども達の夏休み（長期休暇）は悩みの種でもある．保護者が仕事の時間中，誰が子どもの面倒をみるかという問題が生じるからである．「お互い様」の精神で，よその子の面倒をみたり，みてもらったりという地域での近所付合いが成り立つ地域は限定的になりつつあるようである．近年は学童保育での利用や，夫婦の両親（子どもからみた祖父母）に預けることで，やりくりしている家庭も多い．また，預けられた子どもにとっては，夏休みは「多様な体験機会を得る時間」ではなく「親の帰宅を待つ消化時間」になりかねない．

NPO法人クラブパレット（石川県かほく市）が主催した「小学生　夏休み水泳＆学習教室」はこのような地域の子育て課題に対して，多様な関係者の協働によってその解決を試みたものであった．

この教室は夏休み期間中の平日に，小学校のプールを使用し，地元大学水泳

写真 5-8　宿題中の様子
出所）NPO法人クラブパレット事務局より提供．

写真 5-9　水泳指導の様子
出所）NPO法人クラブパレット事務局より提供．

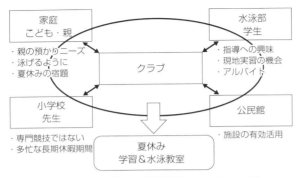

図 5-5 水泳教室の関係団体とそのニーズ
出所）筆者作成．

部の学生が指導者となって開催された．プログラム内容としては，はじめに地域の公民館に子どもたちが集合し，夏休みの宿題をする．学生たちは宿題中は家庭教師役として子どもたちのサポートを行う（写真 5-8）．宿題タイム終了後は，プールへ移動しての水泳教室．ここでは学生たちは水泳指導を行う（写真 5-9）．このようなプログラムを 4 日間続けて実施した．

図 5-5 は夏休み学習＆水泳教室の関係者（各主体）とそれぞれ抱える課題やニーズを示したものである．クラブがコーディネート機能を発揮し，関係者間の連携や協働によって生みだされたプログラムだったことがわかるであろう．

●事例② 泥んこ運動会（NPO 法人クラブぽっと：石川県金沢市）

少子化，人口流出，高齢化，過疎化によって，地方の中山間地域ではその活力が喪失の一途をたどるケースが多い．地元ならではの伝統産業，祭礼などの各種行事，清掃や農地保全等の共同作業といった諸活動の担い手不足が深刻な地域課題となっている．他方，キャンプ，野遊び，動植物観察といった自然体験活動が青少年の人間的な成長に有用であることから，各種自然体験プログラムを開催する総合型クラブも多い．

こうした地域課題やクラブの意向を結びつけ，実施されたのが NPO 法人ク

Chapter 5 ▶ 地域スポーツクラブが拓く地域の未来　121

写真 5-10　泥んこ運動会の様子 ①
出所）筆者撮影．

写真 5-11　泥んこ運動会の様子 ②
出所）筆者撮影．

ラブぽっと（石川県金沢市）が主催した「泥んこ運動会」である（写真 5-10，5-11）．このイベントは，金沢市内の中山間地域である「医王山地区」で田植え前の水田を使って行われた．田んぼの中で泥んこになりながら，参加者はリレーやドッジボールなどの種目を楽しんだ．また，使用した水田で前年に収穫されたお米でつくったおにぎりが参加者にふるまわれた．

　イベントの開催の契機のひとつに地元医王山地区在住の若者（大学生）の存在があった．過疎・高齢化が進み活力を失いかけている医王山地域において，進学や就職にともなって地元を離れる同世代が多いなか，地元に残り，何か地元を活性化する取組みをしてみたいと考えていたところ，クラブぽっとの存在を知り，相談をもちかけた．同じ頃，クラブぽっと側も独自に医王山地区などで「余った」野菜を金沢市内に運んで販売する取組みを進めていた．こうした交流が徐々に発展し，クラブと地域との信頼関係が構築され，泥んこ運動会の開催に至ったのである．また，春の「泥んこ運動会」以外にも，夏には畑での収穫体験を取り入れたキャンプや小川での沢登り，冬は雪上運動会といった四季折々のプログラムへと展開されている．

　医王山地域の住民，子どもたちやその保護者，それぞれの課題やニーズをクラブがコーディネートすることで連携や協働を生み，子どもたちや親子に里山の楽しみ方を伝える自然体験プログラムの実施と地域の魅力発信や活性化を実

現した取組みだといえるだろう．

●事例③ 避難所での巡回体操指導（NPO法人火の山スポーツクラブ：熊本県阿蘇市）

2016年4月14日午後9時26分頃，熊本県熊本地方を震源とする最大震度7の地震（前震）が発生し，さらに4月16日午前1時25分頃には，同じく熊本県熊本地方を震源に最大震度7の地震（本震）が発生した．地震発生にともない，各地の体育館や公民館での避難所生活が続くなか，地域住民の心身へのストレスが増大していた．この頃，特に車中泊時のエコノミー症候群発症により，死亡者が発生するなど地震関連死という二次災害も起きはじめていた．ケアの必要性を感じながらも災害対応に追われる行政に対し，NPO法人火の山スポーツクラブ（熊本県阿蘇市）は各避難所でのエコノミークラス症候群予防体操の巡回指導（クラブスタッフが交代で指導実施）を申し出た（写真5-12）．4月20日に申し出を受けた行政サイドはただちに内部調整を進め，同日夕刻より巡回指導がスタートした．巡回指導は4月20日～30日，5月3日～4日の合計13日間実施され，延べ21回が開催された．実施決定後は，火の山スポーツクラブのクラブマネジャーと行政担当者との間で各種の調整作業がなされ，協働での取組みとして進められた．

2016年4月20日時点での避難者数は6272人（阿蘇市提供）であった．この最中，即座に巡回指導を実行することができたのは，それまでの総合型クラブの活動において，クラブと会員，地域住民，行政との間に築かれた「日常的なつなが

写真5-12　避難所での巡回指導
出所）熊本県総合型地域スポーツクラブ連絡協議会事務局より提供．

り」があったからだと当時を知る関係者は語る．そのような日常的な連携があったからこそ，クラブ関係者自身が被災者である状況にもかかわらず，災害対応という地域課題をクラブ関係者が自分事として捉え，「地域のためにクラブとしてできること」を考えぬき，このようなアクションが生み出されたといえるであろう．

3つの事例を通じて，地域課題の解決の取組みには，① 自分事としての課題やニーズを持った各主体，② 組織間での連携や協働，のふたつが存在していることが確認できた．さらに，連携や協働を促進させるために，調整役（コーディネーター）としての役割を担う総合型クラブの存在があった．

単独では解決が難しい課題であっても，複数の関係者（関係団体）がそれぞれの課題やニーズを共有することで，解決の糸口を見出すプログラムを企画・立案・実行することが可能となる．常日頃からのクラブ活動の中で，各関係団体や地域住民が抱える課題やニーズを把握することができるような人的，組織的ネットワークを構築，強化し，関係団体との協働のプロセスを継続することで，総合型クラブは地域に必要不可欠な存在となっていくと考えられる．

4　総合型地域スポーツクラブはスポーツのクラブから地域のクラブへ

総合型クラブは単に地域住民の運動・スポーツ活動を推進することだけを目的としたものではない．スポーツ活動を通して築いた人と人とのつながりや助け合いの関係を，地域の生活課題の解決へと結びつけていく仕組みなのである．そうした意味で総合型クラブとは「スポーツのクラブ」ではなく，「地域のクラブ，地域のコモンズ［黒須，水上 2014：188-189］」を目指すべきではないだろうか．総合型クラブを地域のコモンズ（皆で共同作業する場）に置き換えて解釈することができれば，スポーツ＋農業＋文化＋健康＋医療・福祉＋産業＋子育

124

て＋防災＋環境＋交通システム＋観光＋地域づくり等，総合型クラブには地域の未来を拓く大きな可能性がある．

　総合型クラブは単なるスポーツ実施者の集団ではなく，自由で新しい発想と，多様な連携や協働によって地域課題を解決することを志向し，また，そのような課題解決のプロセスを通じて地域住民を啓発，育成し，新たな市民社会を形成していく創造的でイノベーティブな組織となることが希求されているのである ［西村 2015：54］．

参考文献

荒井貞光［2003］『クラブ文化が人を育てる──学校・地域を再生するスポーツクラブ論──』大修館書店.

筧裕介監修，issue+design project 著［2011］『地域を変えるデザイン──コミュニティが元気になる 30 のアイディア──』英治出版.

筧裕介［2015］『人口減少×デザイン──地域と日本の大問題を，データとデザイン思考で考える.──』英治出版.

熊本県総合型地域スポーツクラブ連絡協議会［2018］『熊本地震発生からの歩み──今こそ絆！復興事業──』.

黒須充［2006］「第6章　総合型地域スポーツクラブの理念と現実」，菊幸一・清水諭・仲澤眞・松村和則編『現代スポーツのパースペクティブ』大修館書店

黒須充編［2007］『総合型地域スポーツクラブの時代　第1巻　部活とクラブとの協働』創文企画.

黒須充編［2008］『総合型地域スポーツクラブの時代　第2巻　行政とクラブとの協働』創文企画.

黒須充・水上博司編［2014］『スポーツ・コモンズ──総合型地域スポーツクラブの近未来像──』創文企画.

黒須充・水上博司編，NPO 法人クラブネッツ監修［2002］『ジグソーパズルで考える総合型地域スポーツクラブ』大修館書店.

小林勉［2013］『地域活性化のポリティクス──スポーツによる地域構想の現実──』中央大学出版部.

佐藤慶幸［2002］『NPO と市民社会』有斐閣.

須田直之［1992］『スポーツによる町おこし──その社会学的基礎──』北の街社.

関根正敏［2017］「地域スポーツとコミュニティ」，柳沢和雄・清水紀宏・中西純司編『よくわかるスポーツマネジメント』ミネルヴァ書房.

西川正［2017］『あそびの生まれる場所──「お客様」時代の公共マネジメント──』ころから.

西村貴之［2015］「新しい公共を創るクラブマネジャーのあり方について」『体育・スポーツ経営学研究』28（1）　日本体育スポーツ経営学会.

西村貴之［2018］「スポーツを通じたまちづくり」，金沢星稜大学人間科学部スポーツ学科編『スポーツ科学概論（改訂版）』能登印刷.

日本体育協会［2015］『公認アシスタントマネジャー養成テキスト』.

森川貞夫［1987］『地域に生きるスポーツクラブ』国土社.

山下秋二・中西純司・松岡宏高編［2016］『図とイラストで学ぶ　新しいスポーツマネジメント』

大修館書店.

柳沢和雄・向陽文化スポーツクラブ編 [2008]『総合型地域スポーツクラブの発展と展望――KSCC30 年の軌跡――』不昧堂出版.

web

「NPO 法人フォルダ」(https://www.facebook.com/folder.kitakamicity/, 2019 年 3 月 24 日閲覧).

「NPO 法人かなざわ総合スポーツクラブ」(http://kanazawa-ssc.jp/, 2019 年 3 月 24 日閲覧).

「NPO 法人 SCC」(https://scc.10bai.com/, 2019 年 3 月 24 日閲覧).

「NPO 法人ゆうゆうスポーツクラブ海南」(https://kainan.info/uu/, 2019 年 3 月 24 日閲覧).

厚生労働省「平成 29 年(2017)人口動態統計, 性別にみた死因順位別死亡数・死亡率・構成割合」(https://www.mhlw.go.jp/toukei/saikin/hw/jinkou/kakutei17/dl/10_h6.pdf, 2019 年 3 月 24 日閲覧).

内閣府「平成 30 年版　高齢社会白書(全体版)」(https://www8.cao.go.jp/kourei/whitepaper/w-2018/html/zenbun/index.html, 2019 年 3 月 24 日閲覧).

内閣府「平成 30 年版　障害者白書(全体版)」(https://www8.cao.go.jp/shougai/whitepaper/h30hakusho/zenbun/index-w.html, 2019 年 3 月 24 日閲覧).

内閣府「NPO 統計情報, 認証・認定数の遷移」(https://www.npo-homepage.go.jp/about/toukei-info/ninshou-seni, 2019 年 3 月 24 日閲覧).

日本レクレエーション協会「子どもの体力向上ホームページ」(https://www.recreation.or.jp/kodomo/, 2019 年 3 月 24 日閲覧).

スポーツ庁「総合型地域スポーツクラブに関する実態調査」(http://www.mext.go.jp/sports/b_menu/sports/mcatetop05/list/detail/1379861.htm, 2019 年 3 月 24 日閲覧).

文部科学省「スポーツ振興基本計画　2 スポーツ振興施策の展開方策, 2 生涯スポーツ社会の実現に向けた, 地域におけるスポーツ環境の整備充実方策 A」(http://www.mext.go.jp/a_menu/sports/plan/06031014/004.htm, 2019 年 3 月 24 日閲覧).

文部科学省「第 1 期スポーツ基本計画」(http://www.mext.go.jp/a_menu/sports/plan/, 2019 年 3 月 24 日閲覧).

文部科学省「総合型地域スポーツクラブ実態調査」(http://www.mext.go.jp/a_menu/sports/club/, 2019 年 3 月 24 日閲覧).

文部科学省「総合型地域スポーツクラブ育成マニュアル」(http://www.mext.go.jp/a_menu/sports/club/main3_a7.htm, 2019 年 3 月 24 日閲覧).

（西村貴之）

Chapter 6 スポーツによるまちづくり
── 住民の"成長"にみる地域活性化のプロセス ──

1 "まちづくり"の見方とは

"○○によるまちづくり"という言葉は昨今,日本国内でも多分野にわたり使用されている.誰もが一度は聞いたことがある汎用性の高いワードではないだろうか.

高松［2016］は,「まちづくり」の「まち」の部分の意味を,「コミュニティ」と捉え,商店街の通りも,町内会も,駅などのランドマーク周辺も「まち」に該当するとした.空間的にさほど広くはないが,伸縮可能な対象と位置づけている.次に「つくる」という部分では,なんらかの活動や取組みを指すが,その主体に「住民」が想定されていることが多く,住民ではない組織が「まちづくり」という言葉を使う場合も,住民の自主的な活動を支援するパートナーになるといった意味で使われるケースが多い.

社会政策から「まちづくり」をみれば,従来までの地域開発や都市計画においては,工業誘致や多くのリゾート開発に代表されるように施設開発やインフラストラクチャー(社会基盤)等のハード整備といった「箱ものありき」の行政論理が優先されがちであった.しかし,1995年の阪神淡路大震災の頃を転機にコミュニティについて世論の関心が高まることになる.NPOやNGOといった社会的組織が注目され,1998年には「特定非営利活動促進法」ができるなど,「公共」という言葉が多用されることになった.

今日的に「まちづくり」を再定義するならば,「箱もの」をつくることを含め,例えば,衰退しつつある地域の再生を目指すことや,住民自らが地域を作

り変えようと建物やライフラインなどの環境改善のみならず，目に見えない生活面での改善や生活の質の向上を図るための活動を総称したものだといえる．したがって，「まちづくり」を俯瞰する場合，その「まち」がどのように機能し，成長していくのかというプロセスに目を向けることは肝要であり，それに対して地域に住む人々やその地域で活動する企業や団体，さらには行政機関がどのようにかかわっていくべきなのかという共同作業について言及することが望ましいと考える．

　本章では，筆者が在住しフィールドワークを日常的に行う富山県を一事例とし，富山県における「スポーツによるまちづくり」の様相について，主に地域住民の目線から眺めてみたい．

　そこでまずは，富山県の基礎情報を概観しておく．富山県は，本州の中央北部に位置し，東は新潟県と長野県，南は岐阜県，西は石川県に隣接している．三方を急峻な山々に囲まれ，深い湾を抱くように平野が広がっており，富山市を中心に半径50kmというまとまりのよい地形が特徴的である．人口は104万4495人（2019年4月1日現在）であり，県庁所在地である富山市（人口41万5167人，2019年4月1日現在）を中心とした15市町村（10市4町1村）で構成されている．平成の大合併以降，日本で最少の市町村数ではあるが，富山市はそれらを有効的に活かした「コンパクトシティ戦略」[1]などが展開されている．

2　プロスポーツとまちづくり

（1）衰退化を辿る商店街をプロスポーツは救えるか

1）Jリーグクラブと商店街の取組み

　富山県をホームタウンとするJリーグクラブにカターレ富山がある．2008年にクラブが発足し，2009年からJ2リーグ（以下，J2）に加盟した．2014年シーズンには成績不振によりJ3リーグ（以下，J3）に降格が決定し，2015年からJ3に加盟している．Jリーグに所属する各クラブの活動は興行として

の試合を提供することだけではない.「Jリーグ百年構想」を具現化するための義務規定として, Jリーグ規約の第21条（2）では,「Jクラブはホームタウンにおいて, 地域社会と一体となったクラブづくり（社会貢献活動を含む）を行い, サッカーをはじめとするスポーツの普及および振興に努めなければならない」と定められている. つまり, Jクラブは地域社会においてさまざまな社会貢献活動を行うことを使命のひとつとしており, それらは試合の提供と並ぶ本来業務といえる.

カターレ富山はサッカーを通じて青少年の健全育成やスポーツの振興, 地域の活性化などに貢献し, ふるさと富山が一層元気になることを経営方針としている. なかでも市町村や商店街などと連携した各種イベントの開催に取組み, ホームタウンにおける交流拡大や地域の賑わいの創出を目指している.

富山市街地に目を向けると, モータリゼーションの進展により県ではこれまで住宅をはじめ, 大型商業施設, 公共公益施設などのさまざまな施設が郊外へ立地するようになり, 通勤や買い物など日常生活に自動車が欠かせない状況となった. 一方, 中心市街地では, 人口の郊外への流出が進むとともに, 空き地や空き店舗が目立ち始め, 商業活動等の衰退に歯止めがかからない状況にある. 富山県は商店街の魅力や集客力を向上していくために, 商店街が自ら考えた独自の総合的な活性化プランの着実な取組みを行う「がんばる商店街」に対し, 各種助成を行う施策を実施している.[2]

これらを背景に, 2013年には富山市内のS商店街と隣接するT商店街の2箇所で, 地元のプロサッカークラブであるカターレ富山をひとつのシンボルとし, 商店街に賑わいを取り戻すべく「カターレまちなか応援団」（以下, 応援団）が結成された. 応援団に加盟する店舗24店は, カターレ富山のグッズやファンクラブの会員証を提示するお客さんに対して, 各店舗の商品やサービスを購入する際の割引を実施した. また, 商店街の中心に位置する広場を利用し, カターレ富山のホームゲームを大型ビジョンで観戦できるパブリックビューイングや, 商店街を含めた地域に立ち寄りスポットを準備し, 市内電車などの利用

写真 6-1　商店街が企画したまちな
　　　　　か周遊スタンプラリー
出所）カターレ富山提供．

を含め周辺地域を周遊できるスタンプラリーを行うことで，商店街のサービスチケットを進呈した（写真 6-1）．

　このように，商店街が自ら企画・運営する共同体を形成した．イベントを地元のプロスポーツクラブと協働して年間を通じて定期に手掛けることにより，イベント参加者を商店街に周遊させることを目指したのである．一時は加盟店舗全体で，年間売り上げを 5 ～ 10％ ほど増やすという成果がみられた．

2）スポーツでまちの人間関係を読み解く

　上記の取組みは，売り上げ増といった経済面において一定の効果を示したが，その他にも人間関係や組織の変容という社会的な効果がみられた．

　カターレ富山と商店街の二者間で協働して行われている活動（当時）は，主に ① 商店街で最も大きい広場を活かしたサッカーイベントが 1 回，② カター

レ富山のホームゲームの告知が 16 回，③ 熊本地震災害への義援金募金活動が 2 回，の 3 つであった．一連の商店街活動の代表 A 氏と商店街に店舗を構える店主 B 氏に対するインタビュー（2017 年 1 月）で得られた特徴的なコメントをみてみよう．

A 氏：カターレ富山のサポーターが来店した際に（ホームゲーム告知の）ポスターを見て店先でサッカーの話題で盛り上がることがありますね．ポスターを見てお客さんが店の中まで入ってくることはあまり無いけど．これを話題のきっかけにしてお客さんと共通する趣味や知人が見つかることはありますよ．

B 氏：私は商店街に店を構えてから 15 年くらいしか経っていないんです．古くから商売をしている方から比べると完全に新参ものでして．ただし，カターレ富山については私の方が詳しかったから，あまり詳しく知らない人（店主）にはカターレ富山の話題で距離を縮めてみましたね．それをきっかけに（カターレまちなか）応援団に入ったお店がお客さんと盛り上がったりしていて．感謝されましたよ，当時は．

A 氏：少し悪い言い方をすると，商店街の中でもカターレ富山と接しているのは一部の人間になっているので，個々ではなくて，クラブと商店街全体の動きにした方が良いと思う．そのためには，連携した活動をするとお互いどんな良いことを起こせるのかを皆が知らないとダメだよね？

プロスポーツを話題に店主と顧客ではなく同じ地域住民として人間的な付き合いや交流をする機会が創出されたといえよう．また，個々の問題から店同士の人間関係の構築（新参者が受入れられるきっかけ），商店街全体とプロスポーツクラブ（組織と組織）の人間関係の構築，などの拡がりを看取することができは

しないだろうか.

（2）病院との協働によるミッションづくり

　もうひとつ，富山におけるプロスポーツとまちの関係性を紹介してみたい. NPO法人富山スポーツコミュニケーションズ（以下，TSC）では，2017年より病院入院患者がカターレ富山の試合の生中継を大型スクリーンで楽しむ「病院ビューイング」に着手した（写真6-2）. この目的は，カターレ富山のスポーツ観戦を活用し，入院している患者を対象としたいわゆる「パブリックビューイング」を病院内で開催することで，患者に笑顔や勇気を届け，不安やストレスを軽減することを目標としている.

　「病院ビューイング」の開催に至る背景には，手本となる事例があった. それは，同じ北信越地区に位置する新潟県内のK病院で2015年より開始された

写真6-2　「病院ビューイング」のポスター例

出所）NPO法人富山スポーツコミュニケーションズ提供.

Chapter 6 > スポーツによるまちづくり　　133

「院内パブリックビューイング」である．同じく J リーグに所属するアルビレックス新潟の協力のもと，スポーツ観戦を通して患者のストレス軽減と病院のイメージ向上を図ることを目的に，病院の講堂にて患者を対象に開催された．この取組みの中心となった医師 I 氏と TSC の理事長である S 氏との情報の共有化が契機となり，国内では 2 例目となる富山県での開催が実現することになる．

2018 年度で 2 年目を迎えたこの取組みは，前年度の 2 件からすると倍となる 4 箇所の病院で実施されるまで急速に拡大した．2018 年 11 月に同様の「病院ビューイング」を行った K 市民病院では，患者や病院スタッフにアンケートを実施している．参加者である患者の特徴的な回答をみてみよう（表 6-1）．

入院患者のストレス軽減や余暇活動の機会の提供，病院スタッフとの距離感を縮める（親近感の増加）などに寄与することが確認された．スポーツ観戦が主観的健康観を高める要因として挙げられること［桝澤 2018］にも合致することもあり，大変有意義な取組みと捉えられるが，そもそもこの企画自体はなぜ受け入れられ，成立するのだろうか．

「病院ビューイング」は，TSC とカターレ富山，病院の他にもボランティアスタッフとしての人材や物資の提供を地元企業や大学などが連携して行っている．そこでは，それぞれの特性を活かした分業（例えば，企業は地域貢献活動のひ

表 6-1 「病院ビューイング参加者」の声（参加者 32 名中 16 名から得られた結果）

問：この企画はどのようなことに役立ちそうか	回答数（人）
① 入院患者のストレス軽減	13
② 入院中の余暇活動	9
③ 医師と患者の距離を縮める	4
④ プロスポーツクラブの社会への果たす役割として	2
⑤ プロスポーツクラブが地域に存在する価値を高めること	5
⑥ その他	1
⑦ 全く役に立たない	0

出所）NPO 法人富山スポーツコミュニケーションズ提供．

とつ，大学はスポーツ観戦の効果検証など）が成立している点も特徴的な点である．

　当該活動の主催団体のひとつである TSC のミッションは，「『スポーツが心とからだと暮らしを変える』をモットーに，（地域住民が）『する・見る・話す・働く・支える』の喜びを感じることができ，自ら楽しみ，夢を育むことに貢献する」となっている．このミッションに，日頃から患者の多くに楽しみや生きがいを感じてもらいたいと望む病院の医師や看護師，住民の暮らしを少しでも豊かにするために製品やサービスを考案する地元企業，これからの地域におけるスポーツ環境を支える人材育成を掲げる大学（生）などの目的意識が重なった形となった．この体現に，「スポーツ観戦」という取組みが最も適切であると協働作業の過程で見出されたのである．

　病院内では，発起人となる医師や看護師らを中心に，まず病院スタッフ全体の合意を得る取組みが始まった．入院患者への告知方法の検討から，参加者の募集，当日の移動ルートや介助方法・人員配置まで緻密な検討が図られた．同時に，カターレ富山ではこれまでにない新しい取組みとして，どのように観せることでより楽しんでもらえるかを試行錯誤した．日常的にカターレ富山を応援する観戦者に応援の仕方を教えてもらえる時間を創り，試合に出場予定の監督や選手のコメント動画，専属のダンスチームによるパフォーマンス，グッズ等が当たるくじ引き等，を用意した．病院に居ながらもなるべくスタジアムを感じることができる空間づくりに専心した（写真6-3）．地元企業や大学生は，当日のスタッフとして運営の補助などを行った．

　「病院ビューイング」は，プロスポーツを中心に地域の NPO 法人，病院，企業，大学等が協働することで，入院患者という"住民"（あるいは観戦者）の概念を再考するプロセスを創り上げた．

　期日にむけた定期的な打ち合わせでは，各団体から課題や目標などが示され全体で共有された．なかには，「病院ビューイング」に関連しない各団体の日常的な課題，すなわち，まちの課題が話題に挙がることもあった．「病院ビューイング」を通し，スタッフである地域住民自体が，自身とは異なる就業や生

写真 6-3 「病院ビューイング」当日の様子
出所）筆者撮影.

写真 6-4 「病院ビューイング」に向けた打ち合わせの様子
出所）筆者撮影.

活を送る別の住民・団体の日常までに視野が拡がっている（写真 6-4）.

　上記の点において,「病院ビューイング」はまちづくりに有用な機会となっているのではないだろうか.

　本節では，カターレ富山によるまちづくりの実例を紹介した．商店街では人，組織のつながりが醸成され，病院では「病院ビューイング」を通して人や組織が協働する「仕組み」が出来上がった．これらは，ソーシャル・キャピタルの構築がなされたとも捉えられる．

　ソーシャル・キャピタルは，社会学のみならず，政治学，経済学でも応用され，日本語では「社会関係資本」などと意訳される．社会の人間関係を資本（事業活動などの元手）と見なし，社会の有効性や効率性を高める重要な要素として評価をしている．地域社会の中で，住民と住民，組織と組織はそれぞれつながり,【ネットワーク】を持ち，交流を図る．そのネットワークの中で【信頼】関係を醸成し,【互酬性の規範】（普段から他者に手を差し伸べていれば，自分にも手を差し伸べてくれるという互助の精神），地域社会に対する責任感を共有することは，地域社会の課題を解決したり地域の価値を高めたりするために協力して取り組む行動，すなわち地域力をより強化する．

　このソーシャル・キャピタルとプロスポーツの関係を読み取る場合，人間とスポーツの関わりは,「する・みる・支える・創る・学ぶ・教える」というよ

うに多面的であるため，人と人，人と地域，地域と地域，という関係をデザインする際に，プロスポーツはソーシャル・キャピタルの構成要素である「ネットワーク」，「信頼」，「規範」を高めやすいとされる［長積2006］.

　プロスポーツにおけるまちづくりは，しばしば地域貢献活動においてスポーツの推進，地域の賑わいを創出し，そのことを見えやすくすることを目標に掲げられる．肝要なことは，多面的なかかわりをもたらすプロスポーツを介し，人や組織がかかわるなかで主体的にどのように地域に在るべきか，問い続けるプロセスであろう.

⊟　スポーツ・ツーリズムとまちづくり

（1）市民マラソンはなぜ人気なのか

　ここでは，「市民マラソン」に着目してみたい.

　昨今のマラソンブームの背景には，火付け役となった「東京マラソン」の影響もさることながら，マラソンが景気の動向に左右されない安価な健康維持の手段として注目されていること，スポーツウェアのファッション化にともなう女性ランナーの増加，企業内コミュニケーションとしての取組みの拡がり，といったさまざまな要因があろう．マラソンブームの流れにともない，多くのランナーの受け皿として市民参加型マラソン大会（以下，市民マラソン）が誕生した．国内最大規模のランナー向け情報ウェブサイト「RUNNET」には2439大会（2016年実績）が登録されている．マラソン大会参加者のニーズに応えるべく多様な市民マラソンが開設されていることがうかがえる.

　富山県にも代表的なものとして「富山マラソン」の存在がある．「富山マラソン」は2015年の北陸新幹線の開業を記念し，「山・海・まち～美しい富山湾を走ろう～」をキャッチコピーに県民の新たなスポーツ環境として新設された．主催は，富山マラソン実行委員会（富山県総合政策局内），一般財団法人富山陸上競技協会であり，共催として富山県，富山市，高岡市，射水市，北日本新聞社

が名を連ねている.

　県内最大規模のフルマラソン大会であり，開催目的として「県民総参加によるスポーツ振興」，「新たな富山の魅力創造」，「富山の魅力を国内外に発信し，交流人口を拡大」の３つを挙げている．また，大会のコンセプトは，① 参加者・応援者が一体となって，みんなが元気に楽しめる大会を目指す，② 県民こぞって，おもてなしの心で，富山県の魅力を発信，日本海側を代表する大会を目指す，のふたつである.

　県内中心部に位置する富山市・射水市・高岡市の３市に跨るマラソンコースは，高岡市役所前をスタートし，立山の風景や富山県の自然を楽しみながらゴールである富岩運河環水公園を目指す，日本陸上競技連盟公認の 42.195km のフルマラソンが設定された．普段は歩行禁止とされている射水市の新湊大橋を走ることができ，雄大な立山連峰を眺めながらの走行は，大会における大きな魅力としてランナーの関心を引いた．エイドステーションでは，白えび天むすや鱒寿司，沿道の応援では高岡市の御車山や射水市の曳山など，いわゆる山車が用いられるなど，富山県の地域色を活かした大会サービスが施されている.その他にも，併設レースとして「ジョギングの部（4km）」と「車椅子（9km）」がある（2018年第4回大会時点）.

　「富山マラソン」に関連し，筆者らは 2015 年の初回大会から 2018 年の４回大会までランナーに対する各種効果を検証した．１万 3000～4000 人の参加を数える同大会の経済的波及効果は 15 億円前後に上り，富山県外から参加したランナーは全体の 40 ％程になる（2018年11月時点）.

　実際に，当該マラソンは初回から 2000 人規模の運営スタッフに加え，5000人のボランティアで大会を運営し，沿道からは平均約 15 万人が毎大会とも声援を送っている．このような運営体制，参加者の声から，「参加者・応援者が一体となって，みんなが元気に楽しめる大会を目指す」という大会の第一コンセプトを実現できているといえよう.

　上記効果検証において，ランナーの「富山マラソン」に対する評価が高かっ

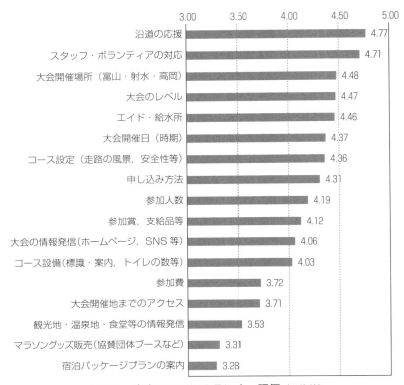

図 6-1　富山マラソンのランナー評価（平均値）
注）「1.不満」〜「5.満足」の5段階評価．
出所）神野賢治，富山マラソン実行委員会事務局［2015］「富山マラソン 2015 大会報告書」．

た項目は，「沿道の応援」「スタッフボランティアの対応」「大会開催場所（富山・射水・高岡）」であることが分かった（図 6-1）．嗜好を凝らしたおもてなしや，3市の特長を活かそうとする大会コンセプトがランナーに受け入れられており，「富山マラソン」の人気が高い理由と考えられる．

　また，「富山マラソン」のサービスの構造を因子分析により解析した結果，① 記録競技として信頼度の高いマラソン大会であること（以下，大会規準），② 富山県内の観光地やそれらの情報の発信，案内の媒体になること（以下，観光・情報），③ スタッフやボランティアの対応など参加者へのおもてなし（以下，ホ

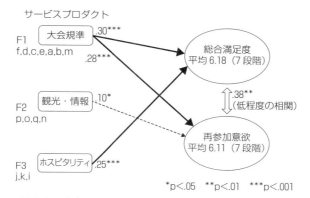

図 6-2　富山マラソンのサービスと総合満足度及び再参加意欲の関係（重回帰分析）
出所）神野賢治，富山マラソン実行委員会事務局［2015］「富山マラソン2015大会報告書」．

スピタリティ）の 3 つに分類された．また，その後の解析（重回帰分析）から，大会規準を整備していくことは，ランナーの総合満足度や再参加意欲につながること，特に観光・情報は再参加意欲を高める可能性があること等が分かった（図 6-2）．ホスピタリティが「富山マラソン」の人気の高さであることも再確認できる．

よって，継続的な大会の開催を目指していくうえでは，ランナーの「満足度の高さ」だけではなく，次回大会の参加へと繋がる「再参加意欲」を掻き立てる必要がある．

（2）スポーツとツーリズム（観光）は相性が良い？

「富山マラソン」には，マラソン大会として成立させること（スポーツイベントとして格式ある"大会規準"を設けていくこと）と，観光や県内情報など（ツーリズムイベントとしての側面）を充実させる「スポーツ・ツーリズム」としての 2 側面性がある．

特に市民マラソンは大会の継続的開催に向けて観光要素の特徴を打ち出すこ

とで，観光に関するニーズの拡大や，マラソンの新たなサービス展開を見込み，県民が意欲的に観光の発信または情報交換などの受信を行う必要性が唱えられている．

　ツーリズムイベントとしてのサービスプロダクトを模索するとともに，それらのプロセスは富山県におけるスポーツイベントを介した地域活性化にむけ，官・民協働意識の統一を助長することになると考えられる．さらには，新たな観光資源の発掘が期待される．観光ニーズの高まり，観光客の増加を視野に入れると，地域内外における交流人口の増加も見込まれる．コースに該当する射水市では，「富山マラソン」の参加者から観光に関する問い合わせが増加することや，マラソン前後に射水市を来訪したランナーがふるさと納税を行い，その返礼品に射水市の特産である魚介類などを選択した．よって，「富山マラソン」が当該市の情報発信のきっかけとなった．また，同市内では，1年に限られた期間しか現れない曳山が，マラソンの沿道応援のために現れることにより，地域の若者の伝統文化に対する認識が高まったと報告された．その他にも，通常は海上の産業道路である「新湊大橋」がコースになっていることで，同市民だけでなく，県民としての産業道路の認知度自体が高まり，利用の促進が期待されている．

　よって，「富山マラソン」には開催地の観光・ブランド戦略プランを促進させる効果があることが分かり，当該地域だけではなく，県民の期待感も高まっている（図6-3）．

　イギリスの社会学者 J. アーリ（John Urry）は，観光社会学では「空間と移動」という視点が根底にあるとしている．ツーリズムは観光と表されるが，その意味は「人々が日常生活を離れて，再び戻ってくる予定で，移動し，営利を目的としないで風物等に親しむ」ものである［塩田 1995］．

　では，肝心の市民マラソンを含めたスポーツの意味は何であろうか．荒井［1987］は，Sport に「〜ができる」という意味の able をつけると，Sportable という合成語ができるが，はじめの S をとると portable，すなわち「移動」

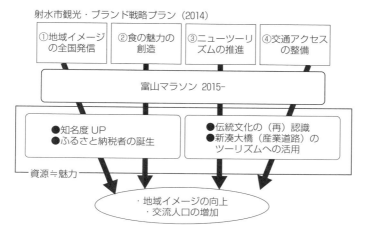

図6-3 開催地(射水市)における観光戦略と富山マラソンの位置づけ

出所)図6-1,図6-2と同じ.

という言葉が含まれており,スポーツにおける「移動」という特性に着目した.それは,実生活空間(学校,会社,家庭……)とスポーツ空間(「コートの中」空間と命名)の行き来を示すが,「身体」というよりはむしろ「気分」が移動することを強調した(図6-4).

　例えば,久しぶりに「球技大会」に参加する場面をイメージすれば,体育館のコートの上では,普段は味わえないハラハラやドキドキを感じることができるであろう.スポーツには運動そのものの効果のほかに,「ハラハラ・ドキドキ」といった非日常の興奮が日常の雑事による「イライラ」を忘れさせてくれる効果がある.「富山マラソン」のようなマラソン大会においても,通常は走ることのできない路上での走行やその場の景色,数万人に及ぶ多くの沿道応援者からの温かい声援など非日常を味わうことができよう.また,スポーツを終えた後に,更衣室でその日のプレイを振り返ったり,世間話をしながらシャワーを浴びて着替え,帰宅前に仲間たちと談笑したりしながら「日常」に戻る.そのような力の抜けた「ヤレヤレ」とする瞬間も貴重なものである[羽岡2010].

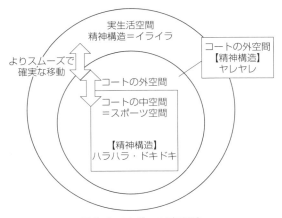

図 6-4　スポーツ空間論
出所）荒井［1987］をもとに筆者が一部改編．

　「コートの外」空間とは，代表的なもので例えるなら「部室」「更衣室」「クラブハウス」等が該当することになろう．「実生活空間」において，適切な「コートの中」空間が確保され，その機能性を発揮する際，これらの空間は大きな意味を持つことになる．時に，過熱化してしまうことがある「コートの中」空間であるが，それを補っている機能こそが「コートの外」空間には存在している．スポーツ活動の空間の基本的な視点は，ここに向けられるべきなのかもしれない．「スポーツ」と「実生活（時に勉強・仕事）」間の上手なメリハリを創ってあげること，そのことにスポーツを親しむ人々に気付かせる働きかけが重要となってくる［谷口 2012］．

　「富山マラソン」における「コートの外」空間は，ゴール地点にある県内のトレーナー有志によるマッサージ会場や県内の特産を食することができる場などの「もてなしスペース」や，周辺地域の銭湯 3 カ所と企画し参加ランナーの銭湯利用を呼びかける「ランナースパステーション」がそれに当たるであろう．マラソン後の疲れを，個人，友人や家族などの同伴者と癒しつつ，「ヤレヤレ」とするのである．また，「コートの外」空間は，今後まさにツーリズム（観光）

によって創出すべき空間ともいえる．実生活空間（日常生活圏）ではそれほどの意味を持たない交通の利便性や，全く体験することのないスポーツ参加にともなう宿泊，自由時間の過ごし方，日常生活圏外での食事など，「スポーツ・ツーリズム」で捉えようとしているスポーツ参加形態では，スポーツ活動参加以外の要素が含まれていることになる．活動参加には高い評価がえられたものの，食事がまずかった，宿泊先でシャワーが出なかった，渋滞で疲れたなど，活動参加以外の要素に低い評価が与えられれば，参加継続意欲は低下することが想像できる［工藤 2002］．

　これらを踏まえたうえで，「スポーツ」と「ツーリズム」は，日常生活から移動し，周遊的かつ回帰的な（身体）活動という"空間と移動"の論理から，共通する事柄が多分にあることがわかる．すなわち，まちづくりの施策としては互いにシナジー（相乗効果）を生みやすい存在なのである．

　観光地において，観光客は自分があらかじめ持っているその土地のイメージをそこに探そうとする．J. アーリ（John Urry）は，観光社会学を研究するなかで，これを「観光のまなざし」と呼んだ．また，観光客を受け入れる側も，「観光のまなざし」を意識することで，自分たちの伝統や文化を再認識せざるを得なくなる．結果，「観光のまなざし」が求めるような対象物（製品やサービス）を生み出し続けていくことになる［田中 2019］．

　「富山マラソン」においても，上記の射水市の例などは，まさにこれに該当するであろう．新湊地区の曳山や流鏑馬など年に数回しか見ることができない地元の伝統文化を県内の若年層が再認識した．県外から参加したランナーには，ふるさと納税者も発現し，射水市では新たな返礼品の模索・検討が始まった（2016 年 1 月当時）．

　さらに，観光地がグローバル化すると，もともとその土地になかったはずの建造物や風景を，「観光のまなざし」的なイメージに合わせて，新たに創り上げるという事態も起きる．観光地は過剰に演出され，伝統や文化はもちろん，観光される土地の人々のアイデンティティをも変えていくことになる．

上記を援用すれば，「ツーリズム」とよく似た特性を持つ「スポーツ」を融合させるまちづくりの展望は，「富山マラソン」を受け入れる県民，運営をする行政，ボランティアスタッフなどは，スポーツと自身の関係性をどのように考えるのか，ひいては富山県におけるスポーツの伝統的・文化的な側面を再認識する機会になることを示唆してはいないか．

4　学校運動部活動をはじまりとするまちづくりの可能性

　これまでプロスポーツや市民マラソンなど特定のスポーツシーンに焦点を当てたが，最後に，学校と行政が中心となる事例を紹介したい．富山県には「○○（種目）といえばココ」と全国的な認知度の高さを誇るまちがある．それは「ハンドボールのまち氷見」である．

　氷見市は，富山県の北西部，能登半島の東側つけ根部分に位置し，人口４万5215人，世帯数１万6718世帯（2019年４月１日現在）のまちである．荘厳な立山連峰に象徴されるように自然豊かな地域であり，加えて，氷見ぶりを筆頭に，日本海有数の水揚げ量を誇る氷見漁港や，市内各地で温泉が湧き出ており，「能登半島国定公園・氷見温泉郷」の名で知られている．しかしながら，人口は年々減少の途をたどっており，氷見市は日本創成会議から「消滅可能性都市」と指摘されたことを受け，「氷見人口ビジョン」や「氷見市まち・ひと・しごと創生総合戦略」を策定し，人口・経済・地域社会の課題に取り組んでいる．

（1）ハンドボールを核としたまちづくりの推進

　氷見市は文部科学省のスポーツ基本計画（2012）を参考に，ハンドボールによるまちづくりを推進している．氷見市スポーツ推進計画（2017）によれば，「ハンドボールというスポーツでまちづくりを行い，地域の活性化を図っていく」ことが明記されている．氷見市は，戦後間もない時期から，ハンドボール

を盛んに普及しており，2005年度からは，「全国中学校ハンドボール選手権大会（春中ハンドと略される，図6-5を参照）を継続開催している．2017年度からは「ハンドボールを核としたまちおこし推進事業」を立ち上げ，「ハンドボールを核としたまちおこし推進協議会」を設置し，ゆるスポーツの「ハンぎょボール」[4]の開発，普及・推進など「ハンドボールのまち氷見」を実現するための具体的な施策を講じている．

文部科学省（2018）は，地方自治体によるスポーツ推進に関する好事例の普及を図るために，2018年度にはモデルとなるようなグッドプラクティスの収集，取りまとめの作成を行い，普及啓発の方法を検討している．氷見市は，このモデルに選定された他の2例（新潟県見附市，静岡県三島市）とともに，① 施策全体を包含するコンセプトがあること，② スポーツ推進計画などに基づき，計画的に取り組まれていること，③ スポーツを所管する部局に限らず，医療・介護や都市計画などさまざまな部局が連携していることなど，自治体における取組を推進するうえでの重要なポイント3点を最低限満たしていると評価を受けた．

さらには，グッドプラクティスと評価するうえで，④ 多様で多角的な取組みが組み合わされていること，⑤ 他地域に先行するチャレンジングな取組みであること，⑥ 定性・定量的な効果が顕在化していること，などについても一定程度充足しているものと査定されている．

これらを踏まえると，氷見市におけるハンドボールを核としたまちづくりは，多様で多角的な取組みが交わり，他地域に先行するチャレンジングな内容と，他地域への横展開を図るうえで，政策上の高い評価を受けていることがわかる．

では，これらの施策の立案や実行のプロセスには，どのような人や組織が関わっているのであろうか．

（2）ハンドボールを通したまちづくりの過程で学校が果たした役割

氷見市の「ハンドボールを核としたまちおこし推進事業」の設置主旨には

図6-5　氷見市におけるハンドボールの取組み

資料）スポーツ庁［2018］「平成29年度運動・スポーツ習慣化促進事業取組事例集」,「氷見市」「氷見市スポーツ推進計画（2017年度～2021年度（前期計画））」などに基づき日本総研が作成.

出所）スポーツ庁［2019］「平成30年度スポーツ人口拡大に向けた官民連携プロジェクト・ビジネスパーソン向け国民運動（スポーツ推進企業の認定等による普及啓発事業）事業報告書」.

「氷見市において長い歴史と栄光を積み重ねてきたハンドボール競技は，（中略）今や他自治体に対する『優位性』を備えた氷見市の代名詞とも言える」と明記されている．ここでいうハンドボール競技とは富山県立氷見高等学校男子ハンドボール部（以下，氷見高ハンド部）を指している．

　2018 年の高校男子ハンドボール界において，氷見高ハンド部が 3 つの全国大会を制し「三冠」を達成したことが大きな話題となった．氷見高ハンド部の歴史は，1947 年の創部に始まる．そのわずか 3 年後の 1950 年には，初めて行われたインターハイに初出場し，ベスト 8 の成績を残した．1950 年のインターハイ初出場から，2018 年度の高校三冠を達成する約 70 年の間で氷見高ハンド部は 11 回も全国の頂点に立っており，1977 年から 1979 年にかけての国民体育大会ハンドボール少年男子（以下，「国体」と略す）において，連覇も成し遂げている．氷見高ハンド部の強豪ぶりは，近年顕著になったわけではなく，長年にわたる「伝統」にも近い状況にほかならない．

　このような，学校運動部活動の活躍から前述した地域ぐるみのまちおこし推進に至るまでには，地域においてどのようプロセスが踏まれることになるのだろうか．

　先に述べた「ハンドボールのまち氷見」施策に対して，氷見高ハンド部の活躍は関与しているのか．氷見市ハンドボール協会関係者（A 氏），氷見市行政職員（B 氏），氷見高ハンド部関係者（C 氏）の三者に対し，筆者らが行ったインタビュー調査（2018 年 12 月）から得られた特徴的なコメントをみてみよう．

> 　A 氏：やっぱり氷見高校が頑張らないとだめなんですね．中学校が頑張る，小学校が頑張るじゃなくてやっぱり氷見高校が頑張らないといけないので．勝った負けたもあるけども，やっぱりそこで憧れてもらえるような氷見高校になろうと，そこがすごく大事なところかな．

　氷見高ハンド部自体も，まちのシンボルとして自覚を持ち氷見市における影響力を意識しようとする背景が見えてくる．次に，氷見高ハンド部の活躍と自

写真 6-5 氷見高校ハンドボール部の優勝パレード

出所）氷見高校ハンドボール部提供．

治体との関係性をみていきたい．氷見高ハンド部が国体で優勝した際に実施されてきた街頭パレード（写真 6-5）は，氷見高校の活躍を受けて自治体が率先して動いたという好例がある．パレードが氷見市の住民に与えた影響について，特徴的なコメントをみてみよう．

  C氏：僕がハンドボールを始めようと思ったのは，それこそ先輩達が 3 連覇したときに，氷見駅に帰ってきたら毎年その優勝のパレードがあるんですよ．それを子どもながらに見てて，自分も絶対ああなりたいと思った．
  A氏：まちのアーケードまでパレードをする．そういうことで市民の関心がより一層，毎回強くなっていく．

 パレードが市民にハンドボールを認識させる大きなきっかけとなっていたことがうかがえる．現在，氷見市が最も注力するイベントは「春中ハンド」の継続開催であるが，春中ハンドが氷見で開催される理由にあてはまるコメントをみてみよう．

A氏：「春中ハンド」を10数年続けてやってるんですけど，本当は，手を挙げたところっていうのは他（の地域）にもあるわけで．氷見でやるようになったっていうのはやっぱり，日本のハンドボールの中で，氷見はそれだけ信頼されてるし，認知度も高かったということで氷見を選んでもらえたと思う．

「認知度が高かった」背景には，「春中ハンド」が開催される2005年度までに8度の全国優勝を成し遂げた氷見高ハンド部の活躍があるのは言うまでもない．

一方で，自治体からの市ハンドボール協会や氷見高ハンド部への直接的な支援はどのような状況なのか．

B氏：行政の立場としてはね，やっぱりフラットにですね．皆さんに平等にしなければいけない立場ですので．

C氏：全国大会の運営は本当にすごいです．行政には必ずバックアップしてもらってるんで．その力はめっちゃ強いけど，大会が終わっても，いつもってなったら，行政がハンドボール協会を引っ張ったりとか，協会が氷見高校を引っ張ったりとかっていうのは無いです．

氷見市としては，春中ハンド開催を第一のイベントとし，各学校単体を対象とした支援は行っていないことがわかる．

氷見市内には五つの中学校が存在している．その中で，サッカー部がすべての中学校に無く，バスケットボール部がある中学校も2校のみである．このような事情は，氷見市におけるひとつの地域的特徴として挙げられるのではないだろうか．

このように，氷見市内の小学校・中学校にハンドボールが普及されてきたなか，1999年に大きな出来事が起こる．「氷見市ふれあいスポーツセンター」の建設である．この施設が建設された経緯についての会話データを紹介したい．

C氏：氷見市のそもそもの建設計画では違ったんですよ．スポーツの施設
　　　ではなかった．ここは文化会館かなにか建てる予定だったんですよ．
B氏：富山国体（2000年）の際に，「氷見市ふれあいスポーツセンター」と
　　　いうものができまして．あれがハンドボール規格で作られた体育館
　　　なんですよね．普通，体育館作るっていったら，バスケットボール
　　　のサイズとかで規格をするんですけども，氷見の場合はハンドボー
　　　ルでとるというような．ハンドボールでまちおこしができる素材が
　　　あるんですね．

　2000年に開催される富山国体に向けて，当初の予定を変更して建てたとい
うエピソードから，氷見市のハンドボールに懸ける姿勢が確認できる．さらに，
「氷見市ふれあいスポーツセンター」を会場とする，春中ハンドを2005年度か
ら毎年3月に継続開催してきており，2018年度に第15回大会を終えた．全国
から参加チームが集まり，選手やチーム関係者，約1500人が数日間滞在し，
大会参加のみならず，自治会による地域サポーターや宿泊施設などでの氷見市
民との交流は，大会開催の価値を競技会だけに留めないものにしている．
　前述した氷見市スポーツ推進計画の第3章第3項には，「ハンドボールによ
るまちづくりと地域活性化」と明記されハンドボールを通したまちづくりの過
程で氷見高ハンド部が果たす役割は大きい．つまり，① ハンドボールという
競技において，氷見高ハンド部が全国大会で優勝を成し遂げたことが，氷見市
にハンドボールが認識されるきっかけになり，② 氷見高ハンド部で活躍した
生徒が指導者となり，小学校，中学校のハンドボールの指導をするという好循
環が継続している．その背景には，③ 氷見市内の中学校における部活動の編
成状況といった氷見市の地域的特徴も存在する．また，④ 2000年富山国体に
向けてハンドボールに特化した施設を建設し，⑤ 2005年度から春中ハンドと
いう全国規模の大会を継続開催している．
　これらのことから，氷見高ハンド部が氷見市のハンドボールをリードしてき

たことは事実であり，氷見市のハンドボールの基盤を形成してきたことが理解できよう．「ハンドボールのまち氷見」という都市ブランドは，今日までの長い歴史と栄光が培ってきたものであり，その輝かしい戦歴が礎になっている．

学校の運動部活動が，市（まちの）スポーツで先頭に立ち，地域に活力を与えてきた（いる）という事例として，氷見高ハンド部は注目を浴びるべき存在といえよう．

（3）運動部活動を通したまちづくりの可能性

氷見市は，氷見高ハンド部の活躍を中心に「ハンドボールのまち氷見」及び「ハンドボールの聖地」という地位を確立した．では，氷見高校の事例をもとに，運動部活動（高校スポーツ）を通したまちづくりを他の地域で行うことは可能なのか．

まず，氷見市にハンドボールが根付いた理由として，野球やサッカーといった日本において人気のあるスポーツよりも先に，ハンドボール競技が複数回の全国優勝を経験したことが特徴といえる．関連する特異な点としては，氷見市内に存在する五つの中学校のうち，ハンドボール部のある中学校が4校に対し，サッカー部のある中学校が1校もなく，バスケットボール部がある中学校も2校のみであるという点が挙げられる．また，ハンドボールコートが2面も設置できる「氷見市ふれあいスポーツセンター」のような，ある一種目の競技に特化した競技施設が存在することも他の地域には見られない特徴といえよう．

以上の3点を踏まえると，氷見市のように，ハンドボール（単一種目）で運動部活動を通したまちづくりを展開するためには，① 複数年にわたって全国規模の大会でトップレベルを競うことができる競技を有していること，② その競技が中学校や小学校においても盛んであること，③ 施設が充実していること，の3点が必要条件として考えられる．

氷見市の事例は，高校運動部活動の活躍に始まり，氷見高校出身者が地元氷見においてハンドボール指導を始め，施設の建設を経て，全国大会の継続開催

という流れを汲んでおり，高校運動部活動の活躍なくしては今日までの歴史はありえない．加えて，氷見高校の初の全国優勝は 1958 年に始まり，60 年以上もの年月をかけて「ハンドボールのまち氷見」を培ってきた．氷見高校が 60 年以上にもわたって競技力を維持することができた背景には，氷見高ハンド部の競技力のみではなく，氷見高ハンド部 OB などの先人から受け継がれてきた氷見市におけるハンドボールの指導者をめぐる好循環も確認できる．

そこには，自治体や地域を動かす氷見高ハンド部の「組織エンパワーメント」の存在をみることができる．「エンパワーメント」の本質的な意味は「力を与えること」であるが，社会や組織の一人ひとりが，抑圧されることなく力を付けることで，大きな影響を与えるようになることを指す．自分はもとより，自分を取り巻く環境をコントロールできるように成長を促すことを含むこともある．高校ハンドボール界の頂点に立っている同部は，まさに自治体や競技団体，地域住民を動かす大きな影響力をもつ存在になっている．「組織エンパワーメント」において重要なことは，組織が状況に応じて自在に変化できる体質を備えていなければならないということである．将来的に，地域における各種組織に要求されるのは，こういった自力で自分の構造を変える自己組織性であるとされる．つまり，環境に適応したり，他から指摘されて変わったりするのではなく，自らスクラップ・アンド・ビルドを行える組織となることである [渡辺・ギデンズ・今田 2008]．

C 氏（氷見高ハンド部関係者）は，高校 3 冠を達成し，一層競技力の保持・向上にむけスタッフの充実化を図ろうとしている．しかし，それだけに留まらず，氷見高ハンド部全体で「氷見市の人口減少に伴う競技人口の減少（特に小学生）」を危惧し，「地域のスポーツ活動に貢献するハンドボールジュニアスクールを思案するなかで，地域の人々に愛され，応援されるクラブになり，その主旨に賛同が得られる協賛（地元）企業の募集と協働活動」といったミッション（使命）や戦略的ビジョン（計画）を描こうとしている．今一度，氷見高ハンド部がもつ資源の再確認と，いかにそれらを氷見市の発展とリンクできるかを模索

する主体的かつ能動的な「組織エンパワーメント」をみることができる.

氷見市におけるハンドボールを核としたまちづくりの盛隆の裏側には，氷見高ハンド部という運動部活動がもつ組織力，すなわち，まちを変えていくヒントが見えてくる．今日までに，地域において多くの運動部活動が長年活躍しているケースは，全国的にみることができるだろう．氷見高ハンド部のように，地域の特性に応じつつ，自治体のスポーツ施策と連動し，学校活動だけに留まらないミッションやビジョンを描くことができるエンパワーメントを持った運動部活動は特殊ともいえる．しかし，まちづくりの観点からは，学校（運動部活動）という閉鎖性が高まってしまう組織が，スポーツを通して地域との距離を近づけるプロセスをみる好例とも捉えられる．教員，生徒，競技団体関係者，自治体職員，地域住民が，互いにハンドボール（スポーツ）の価値を再考し，地域の財産として認識しようとしていることが重要ともいえる.

5   まちづくりにおけるスポーツの役割

本章では，富山県下におけるスポーツとまちづくりの関係性を地域住民の視野に立ち示した.

多様なまちづくり活動は，地域社会の住民がさまざまな役割を担うことが必要とされ，重層的なプロセスを経ていくだろう．第一に，地域住民や自治体，スポーツ関連団体など各主体が総体的なまちづくりの連携関係を築くプラットフォーム（処り所）が必要となる.

本章では，商店街，病院，市民マラソン大会，学校などをプラットフォームにスポーツを介して，住民同士の人間的なつながり，組織的な協働関係の構築をみることになった．そこには，明確な役割と組織や個人が有する特長を活かした取組みが見られた.

そして，第二には地域住民の活動を創出していくプロセスを，さまざまな姿を持つスポーツ活動（みる・する・支える・育む……）によっていかにデザインで

きるかが問われてくる．プロスポーツやマラソン大会，運動部活動等には，それぞれスポーツ環境として特徴的な性質をみることができ，心身における健康の確保，地域における文化・歴史の再認識，地域の将来像の描き方，などスポーツに求められる役割は多種多様である．

　まちづくりにさまざまなレベルが存在するとしながらも，それらの計画やビジョンと，中核に位置すべき住民をはじめその地域で何らかの営みをする全ての人々との接点が見えなかったことに，これまでのまちづくりの課題があった．本章で示したスポーツがもつ公益性とは，地域住民の成長や変化を促し，共有できることであると捉えられ，それらを最大限に活かし，まちづくりの公共財としてスポーツが機能していくことを期待したい．

注

1）都市機能が高密度にまとまり，徒歩や公共交通での移動がしやすい都市形態を表す．都市のコンパクト化を目指せば，郊外に拡がる商業・居住エリアから空洞化した中心街に活気を取り戻すことが可能となり，インフラ維持管理などの行政サービスも効率化できる．そのためコンパクトシティ政策は，多くの自治体で再開発のテーマに掲げられている．

2）富山県商工労働部商業まちづくり課商業活性化係では，平成31（令和元）年度現在も，商店街の魅力や集客力を向上していくために，核店舗の再生や中心市街地の商店街等が自ら考えた総合的な活性化プランの実現等に向けて着実に取組む「がんばる商店街」を市町村と連携して支援している．
　　具体的には，① 商店街で集客の核となる店舗の再生，② 商店街活性化のための創意と工夫を凝らした取組み，③ 複数の商店街等が連携して実施する組織力強化や情報発信等の商店街活性化の取組み，④ 商店街で実施するイベント開催等を支援などへの補助（最大40～250万円規模）を行っている．本書で紹介した事例は，② または ④ などの取組みに該当する．

3）富山スポーツコミュニケーションズは，2005年3月にNPO法人として認証を受け，年齢を問わずスポーツを楽しみ，サッカーを中心に生涯スポーツの普及を推進することを目的としている．

4）ハンドボールのルールをベースとした「ゆるスポーツ」のひとつである．氷見の特産である氷見ぶりのぬいぐるみを使用し，子どもから大人までが楽しめるルールの工夫がされている．

参考文献

荒井貞光［1987］『コートの外より愛をこめ——スポーツ空間の人間学——』遊戯社．

Urry, J. and Larsen,J. [2011] *The tourist gaze 3.0*, London: Sage（加太宏邦訳『観光のまなざし〈増補改訂版〉』法政大学出版局，2014年）．

飯田義明［2010］「地域社会におけるスポーツ実践とソーシャル・キャピタルの可能性」『社会関係資本研究論集』（専修大学），1．

Chapter 6 > スポーツによるまちづくり　155

伊藤守・渡辺登・松井克浩・杉原名穂子 [2005]『デモクラシー・リフレクション──巻町住民投票の社会学デモクラシーとは何か──』岩波書店.

岩谷雄介・鈴木直樹・原章展・平田竹男 [2012]「国内市民マラソンの類型別発展策に関する研究」『スポーツ産業学研究』22（1）.

奥田道大 [1983]『都市コミュニティの理論』, 東京大学出版会.

神野賢治・富山マラソン実行委員会事務局 [2015]「富山マラソン 2015 大会報告書」.

神野賢治・福島洋樹 [2018]「大規模市民マラソンへの継続的な参加要因の検討──スポーツ・ツーリズムの推進を視座に──」『富山大学人間発達科学部紀要』12（2）.

工藤康宏・野川春夫 [2002]「スポーツ・ツーリズムにおける研究枠組みに関する研究──"スポーツ"の捉え方に着目して──」『順天堂大学スポーツ健康科学研究』6.

佐藤滋・饗庭伸・内田奈芳美 [2017]『まちづくり教書』鹿島出版会.

塩沢由典・小長谷一之 [2008]『まちづくりと創造都市──基礎と応用──』晃洋書房.

塩沢由典・小長谷一之 [2009]『まちづくりと創造都市 2 ──地域再生編──』晃洋書房.

スポーツ庁 [2019]「平成 30 年度スポーツ人口拡大に向けた官民連携プロジェクト・ビジネスパーソン向け国民運動（スポーツ推進企業の認定等による普及啓発事業）」(http://www.mext.go.jp/sports/b_menu/sports/mcatetop05/list/detail/__icsFiles/afieldfile/2019/04/15/1415485_002.pdf, 2019 年 8 月 9 日閲覧).

高松平蔵 [2016]『ドイツの地方都市はなぜクリエイティブなのか：質を高めるメカニズム』, 学芸出版社.

田中正人 [2019]『社会学用語図鑑』プレジデント社.

谷口勇一 [2012]「現代社会におけるユニバーサルスポーツの意味──わざわざ"ユニバーサル"をつけなくてはならないのはなぜなのか？──」『大分県スポーツ学会　第 4 回学術集会抄録集』.

富山県商工労働部 [2010] 商業まちづくり課「にぎわいと魅力あふれるまちづくりへの取り組み」.

長積仁・榎本悟・松田陽一 [2006]「スポーツ振興とソーシャル・キャピタルの相互補完的関係──ソーシャル・キャピタル研究の視座と可能性──」『徳島大学総合科学部人間科学研究』14.

中山健 [2012]「プロスポーツクラブの社会貢献活動が地域に与える影響に関する研究──ジェフユナイテッド市原・千葉を事例に──」『SSF スポーツ政策研究』1（1）.

Putnam, R.D. [2000] *Bowling Alone : The Collapse and Revival of American Community*, New York : Simon & Schuster（柴内康文訳『孤独なボウリング──米国コミュニティの崩壊と再生──』柏書房, 2006 年）.

MacIver, R. M. [1924] *Community : A Sociological Study : being An Attempt to Set Out The Nature and Fundamental Laws of Social Life*, 3rd ed., London: Macmillan（中久郎・松本通晴監訳『コミュニティ 社会学的研究：社会生活の性質と基本法則に関する一試論』ミネルヴァ書房, 2009 年）.

文部科学省 [2019]『平成 30 年度スポーツ人口拡大に向けた官民連携プロジェクト・ビジネスパーソン向け国民運動（スポーツ推進企業の認定等による普及啓発事業）事業報告書』日本総合研究所.

安村克己 [2010]『観光まちづくりの力学 観光と地域の社会学的研究』学文社.

柳澤節子・小林千世・山口大輔・上原文恵・吉田真菜・鈴木風花・松永保子 [2018]「主観的健康感とその要因についての検討──生活形態と健康維持への意識と関連──」『信州公衆衛生雑誌』12.

山腰修三 [2012]『コミュニケーションの政治社会学 メディア言説・ヘゲモニー・民主主義』, ミ

ネルヴァ書房.

山口康雄・野川春夫・松永昌樹［1996］「スポーツと都市づくりと地域振興に関する研究」，平成
　7年度文部科学研究費研究成果報告書.

渡邉聡子・アンソニーギデンズ・今田高俊［2008］『グローバル時代の人的資源論 モティベーショ
　ン・エンパワーメント・仕事の未来』東京大学出版会.

web

富山県庁ホームページ「富山県のプロフィール＞概要［位置・面積・人口］」（http://www.pref.
　toyama.jp/gaiyou/gaiyou.html, 2019年4月1日閲覧）.

羽岡健史［2010］「ビジネスパーソンのストレス対処術」（https://www.j-cast.com/
　kaisha/2010/09/27076718.html?p=all, 2019年4月1日閲覧）.

（神野賢治）

コラム 3 ── 近代化と長寿社会

　『平成 30 年度版高齢者白書』によれば，2017 年 10 月 1 日現在の高齢化率（総人口に占める 65 歳以上人口の割合）は，27.7％である．2017年 4 月に国立社会保障・人口問題研究所が公表した日本の将来推計人口（出生中位・死亡中位推計結果）によれば，高齢化率は 2036 年に 33.3％，2065 年には 38.4％に上昇すると仮定されている．一方，少子化の指標である合計特殊出生率は 2017 年は 1.43 であり，2035 年の 1.43 を経て2065 年には 1.44 に推移すると仮定されている．したがって，今後も少子高齢化は進展していくことが予想されている．こうしたなかで，年金や医療，介護等の社会保障制度をどのように持続可能なものとしていくのかが社会的な課題となっている．

　運動・スポーツを社会保障制度との関係でみると，年金，医療，介護の財政運営は，いずれも保険料と税とが組み合わせたものでなされていることから，医療や介護の費用を下げるために疾病予防や健康増進，介護予防の手段のひとつとして運動・スポーツの実施が位置づけられている．2008 年からはじまった特定健康診査（いわゆるメタボ健診）では健診の結果，生活習慣病の発症リスクが高く生活習慣の改善による予防効果が期待できる人に対して特定保健指導を実施し，医師や保健師といった専門家による運動・食習慣を見直すサポートがなされている．また，2012 年に発表された第 2 次健康日本 21 では，骨や関節，筋肉など運動器の衰えや病気等が原因で，「立つ」「歩く」といった機能が低下し介護を必要とする可能性が高くなる状態である，ロコモティブシンドローム（通称：ロコモ）が大きく取り上げられた．ロコモに対する国民の認知度を高めることに加えて，子どもの頃から運動やスポーツの習慣を確立

しておくことや，それらに取組みやすい環境整備をすることについても言及している．運動処方という言葉もある．疾病予防や健康増進，介護予防の手段として，医師や運動・スポーツ等の専門家が科学的根拠にもとづいて，どのような内容の運動（運動の種目）を，どのぐらいの強度（運動の強度），どのぐらいの頻度（運動の頻度），どのぐらいの時間（1回の運動時間）で行えば効果があるのかという観点から個人に適したプランを作成し，提供するものである．

　このように，少子高齢社会が進展するなか，運動・スポーツの実施は個人的な関心事を超えて，疾病予防や健康増進，介護予防の手段のひとつとして社会的な関心事としても位置づけられてることについて，疑問をもつ余地はないだろう．

　さて，ここで考えたいことは，いったいどのような条件のもと，このような疑問をもつ余地がない状況が生じているのか，ということである．ここでいう条件とは，少子高齢社会の進展によって社会保障給付費が高騰し，それに対処する必要があること，ということではなく，そもそもなぜ社会保障給付費の高騰が問題となるほどの長寿社会が生みだされ，それに対して，本来，個人の自由意志にもとづく運動・スポーツの実施が，疾病予防や健康増進，介護予防の手段のひとつとして社会的な関心事として位置づいていることを当たり前に思うのか，ということについての条件である．

　高齢化の進展の要因には，生活環境の改善や医療技術の進歩等による乳幼児期や青年期の死亡率の減少による平均余命の伸びがある．18世紀はじめ頃の江戸時代では，個人の命や生活を守る言葉として養生という言葉が使われていた．その後，長与専斎という人が19世紀後半の明治時代に欧米の医学事情を視察した際，集団を対象に生命や生活を守るという概念があることを知り，その概念を日本に持ち帰った．当時，個人の命や生活を守ることについて，一人ひとりを対象とするだけではな

く，人々の集まりを社会としてみて社会や環境との関係からも考えていく考え方が新しかった．そのため，適切な日本語の訳語が無く，新たに衛生という言葉が生まれた．また，医学においても，江戸時代の終わりから明治時代にかけて，オランダやドイツの考え方の影響を強く受けており，時代区分から考えて西洋における近代社会の考え方が生活環境の改善や医療技術の進歩等の基礎となっていると考えられる．

　近代社会とは，「科学革命」「産業革命」「市民革命」の3つの大きな革命によって登場した社会である．「科学革命」によって，知識は宗教から離れて客観的で普遍的なものという考え方が変わり，物事を論理的に考えそれを実験や観察によって確かめるという方法で得られた知識こそが，正しい知識であるという考え方に変わった．また，「科学革命」による科学的知識の発展が機械技術に応用されることで，モノの生産方法や経済のしくみが変わる「産業革命」がおこり，社会の隅々まで合理化や効率化が徹底されるようになった．さらに，「市民革命」によって社会を統治する政治の仕組みについて，王が統治する絶対王政ではなく民衆自らが社会を統制する民主主義に転換した．なかでも，「科学革命」による自然に関する知識は，原因－結果にもとづく機械的，合理的な法則にもとづいて獲得されるものであることから，自然は神の意志によって動かされているではなく，原因－結果のメカニズムによって自動的に動いているのであると考えるようになり，その結果，人間が自然を支配できると考えるようになっていったのである．また，論理的な思考様式は「こうだから（原因）こうなる（結果）」という原因－結果の関係に基づくため，結果と原因を入れ替えて「こうなるため（結果・目的）にはこうすればよい（手段）」という，目的－手段の知識が容易に導かれる〔古川 2018：28–94〕．

　このような社会を，われわれは生きているのである．人が老いるということは自然であるがゆえに，人間が支配する対象とならざるを得ない．

また，より合理的で効率的であることが求められる社会において，合理的で効率的なことに貢献しづらくなる老いは，できるだけ食い止められるべきものとして捉えられざるをえない．アンチエイジングや若返り，ピンピンコロリという言葉は，それを象徴しているといえよう．運動不足によって（原因），健康の悪化や要介護状態が生じる（結果）というメカニズムが明らかとなり，それならば健康増進や介護予防のため（結果・目的）に合理的，効率的な方法で運動・スポーツを行って体を動かす機会を増やしましょう（手段）と専門家からいわれると，われわれはそれを当たり前のこととして受け入れてしまうのである．

　社会学者のウルリッヒ・ベックは，今の時代について再帰的近代という言葉を使い，近代化を徹底して行うことで，意図せざる結果として自己破壊や自己危害が生じる新たな時代に突入していると述べている〔Beck, Giddens and Lash 1994：邦訳 1997：9-103〕．長寿を望むことは，否定されるべきことではない．そのうえで，人が老いる存在であるという自然現象に対して，それを認めない近代化の徹底は，意図せざる結果として，かえって高齢者の生きづらさを助長したり，自発的で自由に行う運動・スポーツの魅力を狭いものにしたりしているのではないだろうか．

参考文献

古川雄嗣［2018］『大人の道徳 西洋近代思想を問い直す』東洋経済新聞社.

Beck, U., Giddens, A. and Lash, S. [1994] *Reflexive Modernization : Politics, Tradition and Aesthetics in the Modern Social Order*, Cambridge, UK : Polity Press（松尾精文・小幡正敏・叶堂隆三訳『再帰的近代化』而立書房，1997年）.

（奥田睦子）

Chapter 7 甲子園のヒーローのつくり方
―― 変わりゆくメディアとスポーツのかかわりのなかで ――

1　多様なメディア，変化するかかわり

(1)"事実はひとつ"ではない

　平成最後の選抜高校野球大会の開幕日（2019年3月23日），新大阪駅で手にした毎日新聞（夕刊）の1面には，「平成最後の夢舞台開幕」という見出しと，甲子園球場で行進する高校球児の写真が掲載されていた．記事のなかみは，約2万8000人の観衆が見守るなか，出場する32校が入場行進曲に合わせて行進したこと，前回大会の優勝旗が大阪桐蔭高校から返還されたこと，広陵高校主将による選手宣誓の様子など，開会式の全体像がわかる内容であった．その晩，筆者は新大阪駅から特急サンダーバードに乗り，石川県金沢市に向かった．翌朝（3月24日），春の甲子園大会初日の様子を伝えた北國新聞の1面には，「星稜　快勝発進」「奥川17K 履正社を完封」の大きな見出しと力投する奥川恭伸投手の写真が掲載されていた．開会式の様子と今大会の展望を伝えた毎日新聞に対して，北國新聞は地元から出場した星稜高校の活躍を大きく報道した．同じ日の同じ出来事を伝えた記事でも，新聞によってこんなにも違いがあるんだな，と少しばかり驚いた．

　新聞にはいくつもの種類がある．例えば，「政治，経済，社会，文化など広範な領域で発生したさまざまな事件・出来事を収集し，総合的に編集した日刊紙」［竹下・松井 2018：32］のことを一般紙と呼ぶ．この一般紙も，配布するエリアに応じて，「全国紙」「地方紙（ブロック紙）」「地方紙（県紙）」などに分かれる．今回の話で登場した毎日新聞は5紙ある全国紙のうちのひとつであり，北

國新聞は石川県を主な配布エリアとする県紙にあたる[1]．記事に「客観性」を求められる新聞には，結局どの新聞も同じような内容になるのでは，というイメージをもっているかもしれない．しかし，（いってしまえば当たり前の話ではあるが）記者は「想定した読者に向けて記事を編集」[田島 2005：110] する．それゆえ，同じ日の同じ出来事を伝える新聞記事でも，想定する読者層によって複数の異なる視点で記事が生まれることになる．だから，石川県民が主な読者層である北國新聞では，読者が求める（であろう）地元星稜高校の活躍が一面トップになるわけだ．

（2）テレビが育む社会の記憶

　ここで例にあげた新聞は，マスメディアと呼ばれるもののひとつだ．マスメディアとは，新聞，放送（ラジオ・テレビ），出版，映画などマスコミュニケーションを行う媒体や組織のことをいうが，「不特定多数の人びとに対して，情報を大量生産し，大量伝達」[藤竹 2005：13] できるという特徴がある．簡単にいえば，マスメディアの出現と発達によって，一度に多くの人に情報を伝えることができるようになった．スポーツは，このマスメディア，特にテレビとの関係を深めていったことで，私たちの日常にとって欠かすことのできない存在に成長した．

　NHK は，1953 年に日本初の本格的なテレビ放送をはじめた．同年 8 月には，民間放送局の日本テレビが開局し，翌日には，プロ野球・巨人対阪神の試合を中継した．しかし，公務員（高卒）の初任給が 1 ヶ月 5400 円の時代に，シャープが発売した第 1 号テレビの価格は 17 万 5000 円であった．そのため，家にテレビがある家庭はまだまだ少なく，人々は街頭に設置されたテレビに集まった．「なかでも一番の人気はプロレス中継で，大柄な外国人レスラーを空手チョップを武器に次々と倒していく力道山の試合は多くの人々を熱狂させ」[宮内 2003：19] たという．その後，テレビの普及は急速に進み，1959 年には皇太子殿下と美智子様（当時）の結婚式の影響もあり，テレビ受像機台数は前年比 2

倍の200万台を超えた．さらに，1968年になると2000万台（世帯普及率88.1%）を突破し，一家に一台，テレビがあることが当たり前の時代に入った．テレビが身近な存在になったこの時代は，"遠くの出来事（イベント）を多くの人と同時にみる"という経験が日常化していくことで，みんなが分かり合える共通の記憶が生まれやすい時代でもあった．

（3）島宇宙化するテレビの見方[2]

ところで，私たちは1日にどれくらいテレビをみているのだろうか．NHK放送文化研究所［2016］の「2015年 国民生活時間調査 報告書」によると，人々は，1日に3時間18分テレビをみているという結果が報告されていた．これは，「起きている時間の約2割にあたり，テレビは，睡眠，仕事に次いで多くの時間を費やす行動」［村上・渡辺 2018：80］であると指摘されている．10代（1時間36分）や20代（1時間54分）の視聴時間が減少しているという気になる兆候はあるが，2015年の調査時点において，テレビは私たちの生活に深く浸透したメディアだといえるだろう．

では，テレビの見方はどのように変わってきているのだろうか．家にテレビを買えず，街頭テレビに集まった時代があり，一家に一台テレビがあることが当たり前となった時代を過ぎ，今では一部屋に一台テレビがある時代になった．内閣府［2018］の「消費動向調査 第6表 主要耐久消費財等の普及・保有状況（平成30年3月）」のデータをみると，1991年にはすでに世帯あたりのテレビ保有台数が2台を超え，現在でも各家庭では，複数台数のテレビを保有する状況が続いている．村上・渡辺［2018］は，1970年頃までは，家族を中心に誰か「ほかの人と一緒に見る」（70%）ことが多かったテレビだが，2012年の調査では「家族と見ることが多い」（47%），「ひとりで見ることが多い」（41%）となり，個人視聴の傾向が強くなってきているという．

また，1990年頃から登場した衛星TV放送も，私たちの"みるスポーツ"環境を大きく変化させるきっかけとなった．最も大きく影響を与えた要因は，視

聴できるチャンネル数が劇的に増えたということであろう．1990 年当時は，NHK と民放テレビ局を合わせても一桁のチャンネル数しかなかったが，最近では 300 以上の選択肢をもつことが可能になった．大幅な多チャンネル化によって，かなり細かく，個人の趣味や嗜好にあった番組が提供されるようになってきた．その結果，今後もテレビは一人でみるもの，という傾向がより進むことが考えられる．

２ テレビはスポーツをどのように伝えているのか？

（1）スポーツダイジェスト番組「熱闘甲子園」を分析する
1）熱闘甲子園について

マスメディアにもさまざまな種類があり，ひとくくりにマスメディアといっても，その種類によって特徴が異なってくることは，ここまでの話から共有できたと思う．それら多様なメディアのなかから，今回は地上波のテレビを対象に，"テレビ"が"スポーツ"をどのように伝えているのかについて，考えていきたい．考えるための素材には，夏の全国高等学校野球大会（甲子園大会）のダイジェスト番組である「熱闘甲子園」（1981 年〜，ABC テレビ・テレビ朝日系列全国ネット）を選んでみた．

「熱闘甲子園」とは，夏の甲子園大会の期間中に毎晩 11 時頃から放送される 30 分のダイジェスト番組である．番組では，当日行われた試合の結果を 1 試合 3 〜 4 分の映像にまとめて放送される．また，ダイジェストの前後には，事前取材したチームのエピソードや試合のキーになった選手のインタビューが組み込まれることが多い．

2008 年放送の「熱闘甲子園」を分析した加藤［2009］は，リアルタイムでスポーツを中継する実況中継に対して，スポーツニュースやスポーツダイジェストにはタイムラグがあり，事後的な解釈が入る余地があると指摘する．筆者は，この"解釈"の部分にテレビがスポーツ（高校野球）をどのように伝えようと

していたのかを理解するヒントがあると考えている.

　以降は，2015 年（一部 2018 年）に放送された「熱闘甲子園」の分析結果を中心に話を進めていくことにしよう.

2）分析のすすめ方

　加藤［2009］は，「熱闘甲子園」を分析した際にマクロ・メゾ・ミクロの 3 つのレベルで番組を検討した.マクロレベルでは番組全体の構成と流れを，メゾレベルでは司会者の語りを，ミクロレベルでは，ある一試合における物語の構造を，それぞれ検討した.今回の分析は，基本的に加藤の実践した方法を活用[3]して行っている.以下に，実際に使用したマクロレベルとミクロレベルの分析手順について，具体的にまとめた.

ⅰ）マクロ分析──「熱闘甲子園」の全体像を把握する──

　この番組では，大会で行われたすべての試合のダイジェストを放送する.2015 年は全 48 試合が番組で放送された.マクロ分析では，すべての試合のa）事前特集の取材校 b）タイトル c）キャスト（登場人物）d）プロット（物語のキー）を集約した.14 日間の番組全日程をとおして，テレビは高校野球をどのような視点で伝えようとしていたのか，その切り口を探った.

ⅱ）ミクロ分析──試合ダイジェストの物語構造を明らかにする──

　ミクロ分析は，ある一試合に焦点をあてて情報を収集する.まずは，① 3 〜4 分のダイジェスト部分をカットごとにわける.　次に，② カットごとのフレームサイズやアングルといったカメラの撮り方や位置をまとめる.③ ② の各場面でのナレーション音声を書きだして，分析の準備は完了である.ひとつひとつのカットにおけるカメラの位置や動き（映像）とナレーション（音声）との関係を分析することで，テレビが何を強調しようとしているのかを明らかにすることをめざした.

ⅲ）用語の説明

　フレームサイズ，アングルとあまり耳慣れない言葉がでてきた.ただ，これ

表 7-1　カメラワークの種類

		フレームサイズ：カメラのフレームにどのくらいのサイズで人物を入れるかの選択
L	ロングショット	遠くから人物を撮影した映像（風景や背景のなかに人物がはいる大きさ）
F	フルショット	人物の全身が画面いっぱいに収まった映像
M	ミディアムショット	人物の上半身（ヒザまたは腰から上）がフレームに収まった映像
B	バストショット	人物の上半身（胸から上）がフレームが収まった映像
CU	クローズアップ	人物の顔がフレームに収まった映像

		アングル：カメラが対象をとらえる角度
H	ハイアングル	対象を高い位置から見下ろす角度
E	アイレベルショット	人物が立った状態で目のあたりの高さ
L	ローアングル	対象を低い位置から見上げる角度

出所）加藤［2009］を一部修正・追記.

から「熱闘甲子園」で放送された内容を分析するためには，とても大切な言葉でもある．そこで（表 7-1）に用語説明の一覧表を作成した．**表 7-3 から表 7-6** でミクロ分析を行うときには，この一覧表をみながら映像を思い浮かべてほしい.[4]

（2）マクロ分析──「熱闘甲子園」の全体像を把握する──

　まずは，14 日間の TV 放送をとおして，「熱闘甲子園」が何を対象にどのような視点で高校野球を伝えようとしていたのかをみていきたい. **表 7-2 は**，a）事前特集の取材校 b）タイトル c）キャスト（登場人物）d）プロット（物語のキー）の一覧である（一部抜粋）. 2015 年の夏の甲子園大会は出場校数 49 校（45 の府県から各 1 校，東京都と北海道からは各 2 校），試合数は全部で 48 試合が行われたので，実際の分析でも放送された全 48 試合のダイジェストを対象に分析を行った.

　その結果，① 注目選手（15 回），② 友情（11 回），③ 個性的な選手（6 回），④ 選手のサポート（4 回），⑤ ゲーム内容（3 回），⑥ チーム全体（3 回），⑦ 家族の絆（2 回），⑧ 地元とのつながり（2 回），⑨ その他（2 回）というキーワー

表7-2　マクロレベルデータ（タイトル，キャスト，プロット）の一覧（一部抜粋）

回	試合（コンテンツ）	取材校	タイトル	キャスト	プロット
3	早稲田実業×今治西	早稲田実業	怪物1年生デビュー！　歴史に名を刻めるか	（勝）怪物1年生　清宮幸太郎	注目選手　1年生スラッガー
3	敦賀気比×明徳義塾	両校	史上8校目の春夏連覇へ立ちはだかる難敵	センバツ優勝エースと常連校の監督	ゲーム（戦術）
			センバツ王者の絶対的エースvs夏の初戦　無敗を誇る名将		
3	大阪偕星×比叡山	大阪偕星	ケガに泣いたエース　悔しさを握りしめ甲子園へ	（勝）エースとケガでベンチを外れた元エース	友情
			元エースから受け継いだ勝利への想いを手に		
3	下関商×白樺学園	下関商業	監督と主将　親子で挑む甲子園	（勝）監督（父）と主将（息子）	家族
4	津商×地弁和歌山	津商業	"女神"が奏でるチームの鼓動	（勝）女子マネジャー	サポート（応援）
			アルプスが奏でるチームの鼓動		
4	天理×創成館	両校	超個性派投手が激突！　アメンボvs宇宙人	両チームの投手	個性派
			涙をこらえた理由　もうひとつの想い		（なくなったおばあちゃんへの想い）
4	滝川二×中越	中越	1点は譲らない！　激闘の結末は…	（敗）敗戦投手，監督	友情（最高の仲間）
			この夏　地方大会わずか1回　中越3番手に託された		
			激闘を終えて…"最高の仲間"から最高の言葉		
4	明豊×仙台育英		100年の夏に生まれた大会新記録		記録（2塁打の大会記録）
4	なつあと	天理	伝統校　天理　激闘後の最高の笑顔	主将	チームへの想い

ドで各試合のダイジェストがつくられていることがわかった．

　キーワードとして最も多く登場した，① 注目選手は，高校卒業後，ドラフト１位でプロ野球に進んだ東海大学付属相模高校の小笠原慎之介投手や，関東第一高校のオコエ瑠偉外野手，それから当時１年生ながら大きな注目を浴びて甲子園に登場した早稲田実業高校の清宮幸太郎内野手が複数回取り上げられていた．小笠原の場合は，同期でその後ともにプロ野球に進んだ吉田凌投手との友情やライバル関係を軸にダイジェストが構成されることが多く，オコエは高校生離れした身体能力の高さ，清宮は３年生のキャプテンとの先輩・後輩の関係性が物語のキーになっていた．

　次に回数の多かった，② 友情については，「先輩と後輩のつながり」（大会２日目・東海大学付属甲府高校）や，「エースとケガでベンチを外れた元エースとの関係」（大会３日目・大阪偕星学園高校），「３年間苦楽をともにした仲間との友情」（大会４日目・中越高校），「幼なじみのチームメイトとの別れ」（大会10日目・鶴岡東高校）のように，高校生の友情を複数のパタンで描いていくという特徴が示された．

　③ 選手の個性に焦点をあてたものには，「小さくても勝てます！　身長160cmのサウスポー」というタイトルで取り上げられた龍谷高校の池田智浩投手や，「主将・レフト・ピッチャー　誰より忙しい"夏"」のタイトルがつけられた石見智翠館高校の田中将貴主将の特集などがあった．このカテゴリーでは，体格のハンディキャップを努力や挑戦する気持ちで乗り越えたというストーリーが多くみられた．

　この ③ 個性的な選手に焦点をあてたダイジェストは，ほとんど（６回のうち５回）が甲子園大会の序盤である１回戦や２回戦で放送されていた．一方で，① 注目選手については，大会の後半に入ってからも番組で積極的に取り上げられる傾向（３回戦以降が半数以上の８回）があった．夏の甲子園大会は各都道府県の予選を勝ち抜いた49の代表校が，高校日本一の栄冠をめざしてトーナメント戦を行う．ただ，各地域の予選を勝ち抜いたチーム同士の戦いとはいえ，

本当に優勝をねらう戦力をもったチームと，甲子園に出場することが目標であったチームとの間では，戦力差が大きいことも事実である．1回戦や2回戦では，きわだった実力の注目選手が存在しない高校も多い．そこで番組制作者は，野球の実力ではなく，ほかの特徴的な何か（＝個性）をもつ選手を探してダイジェストの主役にする．これが大会序盤の放送で，個性的な選手に焦点があたる理由のひとつだと考えられる．

また，④ 選手のサポート（4回），⑤ ゲーム内容（3回），⑥ チーム全体（3回），⑦ 家族の絆（2回），⑧ 地元とのつながり（2回）も，高校野球の物語を構築するうえで重要なキーワードとして用いられていた．今大会（2015年）の放送では4回と，それほど回数は多くない，④ 選手のサポートだが，2018年の第100回大会の放送では，「支える」をテーマに人気アイドルグループ嵐の相葉雅紀が「相言葉〜相葉雅紀が見た夏〜」という特集を担当した．チームメイト，家族，地元の人，大会関係者による"支えの大切さ"は，夏の甲子園大会を語るうえで欠かすことができない物語のひとつであろう．

（3）ミクロ分析──試合ダイジェストの物語構造を明らかにする──

1）真のヒーローは甲子園から生まれる？

2015年の大会は，高校野球がはじまって100年目の節目にあたる年だった．番組初日のオープニングは，王貞治（早稲田実業），荒木大輔（早稲田実業），江川卓（作新学院），桑田真澄＆清原和博（PL学園），松井秀喜（星稜），松山商業，松坂大輔（横浜），駒大苫小牧，斎藤佑樹（早稲田実業）と，語り継がれてきた名シーンと伝説の選手たちの映像でスタートした．

あくまで印象レベルの話ではあるが，高校時代に甲子園で活躍したプロ野球選手とプロ野球へ入団したのちに頭角をあらわした選手とでは，私自身，選手への思い入れの強さが，ずいぶんと違うような気がする．例えば，読売ジャイアンツで5度の最多勝利のタイトルを獲得した斎藤雅樹投手（甲子園出場経験なし）だが，同じ時期に活躍したPL学園卒の桑田投手（最多勝利のタイトルは1度

も獲得していない）と比べると，少し印象が薄い．読売ジャイアンツやニューヨークヤンキースで活躍し，2013 年に国民栄誉賞を授与された松井選手は，やはり高校時代の 5 打席連続敬遠の印象が強く残っている．PL 学園との延長 17回の死闘を演じ，決勝戦でノーヒットノーランを達成した松坂投手の同期生たちは，高校時代の目標であった松坂投手の活躍を卒業後 20 年を過ぎた今でも，自からの現在地を確かめるための道標にしているという．つまり，何を言いたかったのかというと，甲子園のヒーローは多くの人の心に長く生きづく存在になっているのではないか，ということである．

　橋本は，ヒーローを「それぞれの時代や社会を象徴する価値を体現し，大衆の思い描くファンタジーを代理的に現実化する」［橋本 2002：267］と述べ，現代社会では「ヒーローに関するメディア情報」［橋本 2002：249］によって，ヒーロー像は構築されると指摘した．

　100 年目を迎えた夏の甲子園大会において，テレビ（熱闘甲子園）は高校野球のヒーローにどのような価値を付与して，伝えたのだろうか．ここでは，「ある一試合における物語の構造」［加藤 2009：18］を分析する方法を用いて，テレビがつくる高校野球の物語の構造を明らかにしていきたい．分析の対象には，2015 年大会の清宮幸太郎（早稲田実業高校）と 2018 年大会の吉田輝星（金足農業高校）の二人を取り上げた．

2）ヒーローのつくり方（1）　早稲田実業高校　清宮幸太郎の場合（2015）

　清宮は，大会前から注目を集める有望な 1 年生選手であった．著名なラグビー監督の父をもち，自身もリトルリーグ・ワールドシリーズ（2012）の世界一に貢献するなど，幼い頃から野球ファンやスポーツメディアに将来を期待されていた選手である．

　熱闘甲子園でも開会式から本大会の注目選手の一人として清宮を取り上げ，出場した 1 回戦から準決勝までの 5 試合すべてに主役として登場した．1 回戦の今治西戦（3 日目）のタイトルは「怪物 1 年生デビュー 歴史に名を刻める

か」であり，2回戦の広島新庄戦（8日目）は「怪物1年生 清宮を支える心優しきキャプテン」，「激闘！　予期せぬプレーの連続 清宮を支えるキャプテン」とあり，2学年上の先輩，加藤雅樹主将とのエピソードとともに，ダイジェストが構成されていた．

　では，3回戦の東海大甲府戦（10日目）を対象に，テレビ（熱闘甲子園）は高校野球をどのように伝えたのか，詳しく分析していきたいと思う．表7-3が，ミクロ分析一覧の一部である．この試合のダイジェストのカット数は全86カットであった．このカットとは，「ある映像が次の映像に切り替わるまでの間」[加藤2009：28]のことをカットと呼んでいる．

　また，一般的にタイトルには，番組制作者がダイジェスト全体をとおして最も伝えたいことが示されるが，ここでは，前半に「怪物1年生 清宮幸太郎 描いていた未来予想図」，後半に「怪物1年生 清宮幸太郎 ついに出た！　甲子園第1号」のふたつのタイトルがつけられていた．ふたつのタイトル内容を表現するカットをみつけ，それらのカットでどのような映像（フレームサイズやアングル）がつくられ，どのような音声（ナレーション）で語られているのかを明らかにしていきたい．

　カット No.1，上空からマウンドを中心に球場全体を映しだす映像からはじまった．そこに「自らが描いた未来，新しい扉が今日」というナレーションがはいる．次に No.2 で試合前の挨拶へと走る早稲田実業高校の選手のカット，No.3 の素振りをする清宮と続く．全86カットのうち36カットに清宮が登場（東海大付属甲府高校はチーム全体でも14カットしかなかった）しており，また，清宮のこの日の全打席が取り上げられていたことからも，この試合は早稲田実業高校の清宮を中心につくられたダイジェストであることがわかる．

　さて，この試合の最大のポイントは，「怪物1年生 清宮幸太郎 ついに出た！　甲子園第1号」のタイトルにもあるとおり，1年生の清宮が自身甲子園第1号のホームランを打った試合であるという点だ．熱闘甲子園は，この事実をどのように伝えたのだろうか．タイトル内容を表現するカットを探していく

172

と，カット No.28 から 47 まで（途中，早稲田実業高校側のアルプススタンドの映像が3カットあり）連続 20 カットを使い，第1号ホームランの様子を伝えている．その映像内容は，2 球ボールを見逃し，ファールを打ち，ホームランを打ったあとにベースを 1 周し，ベンチで喜ぶ姿まで，第 2 打席のすべてのシーンをカバーしていた．

　映像と音声の組み合わせにどんな特徴があるのか，少し詳細にみていこう．

　No.28 と 29 は，打席に立つ清宮を少し遠くから（また，比較的高い位置から）映したのち，足もとをクローズアップしていく．そこに「叶えてきた，この夏の未来予想図」，「あとは……」というナレーションがはいる．続く No.30 のカットは投球を見送るシーンなのだが，その映像も「清宮幸太郎，16 歳，第 2 打席」のナレーションとともに上空から少しずつ投手と打者に迫ってくるカメラワークを用い，これから何か特別なことが起きるのではないか，という気持ちを視聴者に喚起させる．ホームランを打つ 4 球目の直前，No.35 のカットでは「8 月 15 日」，No.36 のカットに変わると「8 時 33 分」というナレーションがはいる．さらに No.37 のバストショットによって，みる側の何か起きるのでは？という期待度は最高潮に達する．No.39 から 45 は，実際にホームランを打った場面である．ここでは合計 4 回も清宮のホームランが映しだされた．ナレーションは，「 – 略 – 1 年生清宮幸太郎，聖地で初のホームラン」，「– 略 – 新たな歴史を切り拓いた」と，このホームランが歴史的な 1 本であり，伝説のはじまりとなる 1 本であることを強調していた．

　ホームランを打つ直前のカットで「8 月 15 日」や「8 時 33 分」といった日時を入れることで，今から起きる出来事が時を刻むほど特別な意味をもつ瞬間であることを暗示する．そして，何度も繰り返されるホームランシーンのリプレイ映像と「聖地で初」や「歴史を切り拓く」というナレーションを組み合わせることで，清宮の甲子園第 1 号ホームランを記念すべき瞬間として視聴者の記憶に残したいという，送り手（テレビ）の意図を読み取ることができるだろう．

Chapter 7 ▶ 甲子園のヒーローのつくり方　　173

表7-3　ミクロレベルデータの一覧「早稲田実業 対 東海大甲府」（一部抜粋）

No.	概要	フレームサイズ	アングル	ナレーション	備考/カメラのポジション
1	試合開始マウンド全体	L	H	自らが描いた未来，新しい扉が今日	上空から
2	試合前挨拶へと走る早実選手	M	E		
3	素振りをする清宮	M	E	1回，チャンスで迎えた第1打席	カメラ（前）
4	バットを構える清宮	M	E		
5	投手投げる→デッドボール	F	E	Nb：内側，デッドボール	センター前から
28	打席に立つ清宮	L→CU（足元）		Na：叶えてきた，この夏の未来予想図	
29	バットを構える清宮	L→CU（足元）	H	後は	カメラ（後ろ）
30	投手投げる→清宮見送る	L	E	清宮幸太郎，16歳，第2打席	上空から徐々に近づく
31	バットを構える清宮	M	E		
32	投手投げる→清宮見送る	L	E		
33	投手投げる→清宮ファール	L	E		
34	早稲田実業，応援席	M	L		
35	打席に立つ清宮	F	H	8月15日	上空から
36	バットを構える清宮	M	E	8時33分	バックネット側から
37	バットを構える清宮	B	E		
38	バットを構える清宮	M	E		
39	投手投げる→清宮打つ	L	E		
40	清宮打つ	M	E		
41	早稲田実業，応援席	M	E		
42	投手投げる→清宮打つ	L	E	高いところあった，そこでライト下がる，そして見送ったー！	
43	ホームラン，笑顔で走る清宮	M	E	入りましたー！　1年生清宮幸太郎，聖地で初ホームラン！	
44	清宮のホームランシーン	F	E	またひとつ，自分の言葉を現実に，新たな歴史を切り拓いた	センター前から徐々に近づく
45	清宮，笑顔でホームイン	M	E	3対1，早稲田実業が2点を勝ち越す	
46	早稲田実業，応援席	M	E		
47	ベンチで喜ぶ清宮	B	E	抱き合っています，清宮幸太郎	

出所）筆者作成.

3）ヒーローのつくり方（2）　金足農業高校　吉田輝星の場合（2018）

　ここまでは，2015 年の夏の甲子園大会を題材に分析を進めてきた．テレビが，"清宮幸太郎" という才能豊かな 1 年生を甲子園のヒーローにつくりあげていくプロセスについて，共有できていればと思っている．

　さて，このようにメディアがヒーローをつくりだす手法は，高校野球のダイジェスト番組の特徴のひとつだといえるが，2018 年の夏の甲子園大会では，フィーバーと呼ばれるほど注目を浴びたニューヒーロー，金足農業高校の吉田輝星投手が登場した．11 年ぶり 6 度目の夏の甲子園大会に出場した秋田県立金足農業高校は，3 回戦の横浜高校，準決勝の日本大学第三高校といった私立の強豪校を次々と倒し，決勝まで勝ち進んだ．その快進撃の中心にいたのが，エース投手の吉田である．大会前から好投手の一人として，野球関係者や詳しいファンには知られた存在ではあったが，一般的な知名度はそれほど高くなかった．決勝の途中まで一人で 881 球を投げ抜いた吉田の姿に，準々決勝の近江戦でみせた劇的なサヨナラ勝利，ベンチ入りした選手の全員が地元出身（秋田県）であるといった試合内容やチーム特性が重なり，高校野球ファン以外の人にも注目が高まっていった．

　吉田も清宮と同様に 1 回戦の鹿児島実業戦（4 日目）から，「大会 NO 1 投手が真剣勝負！　相手は鹿児島実の西郷どん」と注目選手の一人として取り上げられていたが，伝説的なヒーローの誕生として印象を残そうとした清宮の場合と異なり，テレビ（熱闘甲子園）は「快進撃の金足農 おらが町のヒーローだ！」（3 回戦の横浜高校戦（13 日目）），「東北勢初の悲願 34 年ぶり 運命の試合」（準決勝の日大三高戦（15 日目））のように，吉田を "おらが町のヒーロー" として位置づけ，伝えようとしていた．

　では，準々決勝の近江戦（14 日目）を対象に分析をしてみよう．ここでもダイジェスト全体をとおして最も伝えたい内容をあらわすタイトルをもとに，関係するカットを探し，その伝え方（映像と音声）の特徴を探ってみたい．

　ダイジェストの全カット数は 115 であった．タイトルは，前半に「秋田の怪

Chapter 7 ＞ 甲子園のヒーローのつくり方　175

物 vs 強力近江打線」，後半に「秋田の怪物 吉田輝星 9 回にあった劇的ドラ
マ」がつけられた．この試合は，9 回裏に金足農業高校が逆転サヨナラ 2 ラン
スクイズを決め，劇的な勝利を収めた試合である．それゆえ放送された全 115
カットのうち，9 回表裏の攻防に 96 のカットが集中して使われていた．

　カット No.7 から 19（表 7-4）が，金足農業高校エースの吉田と近江高校 4 番
の北村恵吾内野手の対戦シーンである．吉田の速球に対応するため，バットを
いつもより短くもった北村が三塁と遊撃手の間を抜けるヒットを打ち，近江高

表 7-4　ミクロレベルデータの一覧「金足農業 対 近江」（1）（一部抜粋）

No.	概要	フレームサイズ	アングル	ナレーション	備考/カメラのポジション
1	吉田ブルペン	F	E		
2	カメラを向ける女性	M	E	この試合の結末を	
3	吉田投球練習	M	E	誰が予想しただろうか	
4	秋田パブリックビューイング	L	E	秋田駅前では県民たちが足を止めた	
5	秋田県民見つめる	F	E		
6	秋田県民見つめる	M	E		
7	スコアボード	F	E	両者譲らぬ一戦 6 回	
8	近江　3 塁ランナー	F	E	ピンチを招いた	
9	吉田ボール受け取る	M	E	金足農業先発吉田	
10	打者バッターボックス向かう	F → B	E	ここで今大会 11 打点近江の四番北村	
11	近江　バッターボックス	F	H	座席の後ろに立ち	上空から
12	近江　打者構える	B	E	バットを指一本短く	
13	吉田表情	CU	E	吉田の速球対策	
14	吉田投げる→打つ	L	E		
15	転がる打球	L	H	三遊間	
16	近江　1 人生還	F	L	北村がまた打点つきのヒットを飛ばしていきました	
17	打った北村ガッツポーズ	M	E		
18	吉田汗をぬぐう	B	E	近江に勝ち越される	
19	近江ベンチガッツポーズ	F	E		

出所）筆者作成．

校が勝ち越した．放送をみるかぎり，好投手吉田と強打者北村の手に汗握る対決場面なのだが，タイトルは「秋田の怪物 vs 強力近江打線」と，近江高校というチーム全体に一人立ち向かっていく吉田という構図が強調されている．この近江高校戦のダイジェストで吉田が登場するカットは全115カットのうち31カットもあり，そのうちマウンドや打席で野球のプレーをしている場面以外のカットも多く，12カット存在した．

例えば（表7-5），カット No.43 で9回裏の先頭打者である高橋佑輔内野手を応援する姿や，その高橋がヒットを打ち，出塁したことを喜ぶ No.48，「まだこの仲間たちと」，「ここにいたい」というナレーションとともにチームのメンバーと肩を組む姿がバストショットで映しだされた No.50 のカットなどが，それにあたる．実は，この試合の結果を決めた9回裏の攻撃に吉田はプレーヤーとして直接かかわってはいない．しかし，タイトルには，スクイズバンドを決めた選手でもなく，2塁から判断良くスタートを切り，得点を決めた選手で

表7-5　ミクロレベルデータの一覧「金足農業 対 近江」（2）（一部抜粋）

No.	概要	フレームサイズ	アングル	ナレーション	備考/カメラのポジション
39	ベンチの吉田の声がけ	B	E	9回裏	
40	6番高橋　打席に向かう	M	E	昨日逆転ホームランの6番高橋	
41	近江投手	M	E		
42	打者構える	M	E		
43	吉田ベンチから手をたたき応援	M	E		
44	投手投げる→打つ	L	E	引っ張る	センターから
45	転がる打球	L	H	三遊間を破った	
46	打者走る	B	E		
47	金足農　アルプス湧き上がる	M	E		
48	吉田手をたたく	M	E		
49	打者1塁到達	M	E	まだこの仲間たちと	
50	吉田→仲間	B	E	ここにいたい	

出所）筆者作成．

もなく，「秋田の怪物 吉田輝星 9回にあった劇的ドラマ」と，その場面をベンチから応援していた吉田の名前がつけられていた．このようにプレー以外の場面でも，ダイジェストの主役に位置づけた選手の表情や動きを映しだす手法は，注目度の高い選手を伝える際によく用いられる．

"金足農業高校 vs 近江高校"のダイジェストにおいても，重要な場面になるほどベンチにいる吉田の登場回数が増えた．吉田の一挙手一投足とプレー場面を関連づけた映像および音声を伝えることで，金足農業高校を代表する存在（ヒーロー）として吉田を視聴者に印象づけることになった．

では，2018年の熱闘甲子園において，吉田はどのようなヒーローとして描かれたのだろうか．3回戦を過ぎたあたりから，ある傾向がみられた．カットNo.29は吉田がインサイド低めの見事なストレートで空振り三振をとったシーンである（表7-6）．No.30の悔しがる打者を挟んで，雄叫びをあげる吉田No.31と続く．ここからが3回戦を過ぎたあたりからみられた，ある傾向である．

吉田の活躍を印象づけるカットのあとに，No.32秋田県のパブリックビューイング会場で拍手を送る映像がはいり，No.34ベンチに戻る吉田の姿 → No.35甲子園球場全体（観客席）のざわめき → No.37金足農業高校のアルプススタンド → No.38アルプス席で応援する吉田の祖父と，映像が展開する．グランドでの吉田の雄姿とそれを応援する祖父，アルプス席の学校関係者，さらに遠く地元秋田県から声援を送る人たちの映像をつなげることで，"みんな"が期待を寄せる"おらが町のヒーロー，吉田"のイメージがつくりあげられていくのであった．

伝説的なヒーローの誕生として印象を残そうとした清宮（2015）と，おらが町のヒーローとして伝えられた吉田（2018），今回の分析だけでも，甲子園のヒーローのつくり方にはいくつものパタンがあることがわかった．一方で，興味深い共通点もみつかった．それは，ヒーローは自分のプレー以外の場面でも繰り返し登場するという特徴である．「熱闘甲子園」では，緊迫した場面になる

表 7-6　ミクロレベルデータの一覧「金足農業 対 近江」（3）（一部抜粋）

No.	概要	フレームサイズ	アングル	ナレーション	備考/カメラのポジション
27	吉田投球	CU	E		
28	吉田投球	M	E		スロー
29	吉田投球→空振り三振	L	E		センターから
30	近江　打者悔しがる	B	E	空振り三振	
31	吉田吠える	CU	E		
32	秋田県パブリックビューイング拍手	L	H		
33	投げ終わった吉田の背中	M	E	最後の9回の表のバッターを仕留めて2桁10奪三振	スロー
34	ベンチに帰る吉田	B	E	140球の熱闘	
35	甲子園の観客	L	H	これが甲子園の空気を変え始める	
36	金足農ベンチ前	L	H		上空から
37	金足農アルプスからマウンドへ	L	H		アルプスからの視線
38	吉田祖父	B	E		

出所）筆者作成.

ほど，ゲームの展開以上にベンチで応援する清宮や吉田の表情が映しだされる．そして，彼ら（ヒーロー）を中心とした"友情"や"人間的成長"，"地元との絆"という物語がつくられ，視聴者に届けられていたのである．普段は野球に興味のない人でも惹きつけることができる，分かりやすく，共感を得やすい物語をテレビがつくり，伝えることで，高校野球は野球ファンを超えた甲子園のヒーローを生みだすのではないだろうか．

（4）変わること，変わらないこと

　テレビが伝える高校野球の物語は，時代によってどのように変わってきた（あるいは変わっていない）のだろうか．本章では，加藤［2009］と同じ方法を用いて「熱闘甲子園」の分析を行ってきたこともあり，この機会に約10年前の結

果（2008）と今回（主に2015）の結果とを比較して考えてみることにした．

2008年放送の「熱闘甲子園」では，「伝統的ともいえる甲子園野球像をふまえつつも，一方で個性的な選手を取り上げているものや，兄弟や親子の絆を描いたもの，あるいは選手個人の成長を描いたものなど，比較的新しいと思われるプロット」[加藤2009：33] があらわれており，これまでの高校野球の伝え方から変化の兆しがみられたとの指摘があった．それに対して，今回の結果はどうだったのだろうか．2015年のマクロ分析の結果（表7-2）を振り返ってみると，「監督と主将 親子で挑む甲子園」（大会3日目・下関商業高校）や，「3年間苦楽をともにした仲間との友情」（大会4日目・中越高校）のように，家族や友情をキーワードにその絆をえがいたダイジェストが多く放送されていた．10年前に加藤が指摘した「個人的な，そしてよりミニマムな人間関係」[加藤2009：33] の物語をえがく傾向が，今も変わらず続いていることが示されている．

では，約30年前のテレビ中継と比べると，どのような変化がみられたのだろうか．1986年の夏の甲子園大会を分析（NHKの実況中継）した清水 [1998] は，"気迫・精神力"，"友情"や"一体感"，さらに"地元での盛り上がり"が特に決勝戦の中継で強調される傾向を明らかにしていた．この"友情"や"一体感"，"地元での盛り上がり"は，2015年や2018年の「熱闘甲子園」の分析でも，主要なプロットとして物語がつくられていた．これらが30年前から変わらない，テレビの考える"伝統的な甲子園野球像"だといえるだろう．反対に，30年前にはあって現在にはないプロットは，"気迫・精神力"であった．マスメディアに想定した視聴者（読者）に向けて番組（紙面）を制作する特性がある．ということは，社会（＝視聴者や読者）の意識が変わり，"気迫"や"精神力"という価値が，30年前と比べるとあまり重要視されない社会になってきた，と考えることもできそうだ．

実は，筆者自身は，30年前から変わらないと提示した"地元とのつながり"も昔と今とでは，視聴者の捉え方に違いがあるのではないかと考えている．ここでは紙幅の都合もあり詳しく検討することはできないが，2018年の夏にテ

レビが伝えた "おらが町のヒーロー，吉田" の "おらが町" (＝郷土愛) 的な感覚を共感できる視聴者はどれくらいいるだろうか．1980 年代半ばの (おそらく) 社会全体が郷土愛を実感できた時代の "地元とのつながり" と，2018 年 (おそらく) 郷土愛を実感できる人が少なくなった時代の "地元とのつながり" とでは，視聴者の捉え方に大きな違いが生じるのではないだろうか．長く "伝統的な甲子園野球像" の主役であった "地元とのつながり" だが，今後どのように伝えられることになるのか，引き続き注目していきたい．[6)]

▟ ふたたび，"多様なメディア，変化するかかわり"

(1) 社会を変えるインターネット

　メディア研究の分野では，番組をつくるテレビを "送り手"，番組の内容を "テクスト"，番組をみる視聴者を "読み手" と呼んでいる．筆者は，「熱闘甲子園」(テレビ) が高校野球 (スポーツ) をどのように伝えたのかについて，番組内容＝テクストを分析することで，メディアのメッセージを明らかにしたいと考えてきた．ただ，日常生活において視聴者は，メディアのメッセージをありのまま受け入れて，テレビを視聴しているわけではない．例えば，"金足農業高校 VS 近江高校" という同じダイジェストの同じ場面をみていたとしても，ヒーロー吉田の一挙手一投足に注目する人もいるだろうし，劇的に負けてしまった近江高校の選手に思いをはせる人もいるだろう．視聴者によって，それぞれ見方や解釈は違ってくる．このように視聴者を "送り手" のメッセージを受ける "受け手" と捉える立場から，メッセージを解釈し，意味を生産する "読み手" として位置づけるようになってきたのは，1980 年代に入ってからのことだった．その後，1990 年代になるとメディアの世界で大きな技術革新が起きた．インターネットの登場である．インターネットの普及により，これまで "受け手" であり "読み手" であり，いずれにしても "送り手" のメッセージを受ける存在であった視聴者が，今度は自ら情報を発信する "送り手" にもな

ることが可能になった.

　普段，何の気なしに言葉にしている"インターネット"であるが，正確には
すべてのコンピューターとコンピューターをつなぐネットワークのことをいう.
そこにはパソコンのみならず，スマートフォンやタブレット端末も含まれる.
総務省［2018］の「平成30年版 情報通信白書」によると，2017年のインター
ネット利用率（個人）は80.9%であり，13歳〜59歳の利用率となると90%を
超えている．利用する端末の種類は，スマートフォンが最も多く59.7%，次い
でパソコンの52.5%，タブレット型端末が20.9%であった．スマートフォンの
普及により，Twitter，Facebook，LINE，InstagramなどのSNS（ソーシャル
ネットワーキングサービス）によるコミュニケーションは，すでに私たちの生活に
おいて，欠かせない存在になったといってよいだろう.

　1993年のインターネットの商用利用の開始以降，インターネットを取り巻
く環境は急速な変化を遂げてきた．興味や技術力がある一部の"新しもの好
き"に限られていた時代（1990年代）から，ブログやTwitterという情報発信
のハードルを大きく下げたサービスの開発により，投稿の大衆化が一気に進ん
だ（2000年代）．その結果，当初は"調べる""検索する"がインターネットの
主な利用目的であったが，現在では"コミュニティ"の場としての存在感が高
まっている（2010年代）．このようにインターネットは，発展過程において利用
者やマーケットを拡大し利用目的や方法を変化させてきたが，私たちのコミュ
ニケーション様式や社会性にも大きな変化を引き起こしている．そして，この
変化はスポーツの"見方"や"あり方"にも決して小さくない影響を与えてい
る.

（2）変わるスポーツの見方──ネタ化する"みる"スポーツ──

　インターネットの時代になり，コミュニケーションの様式が急速に変化する
なかであらわれた新しい社会性を，北田［2011］は「つながりの社会性」と呼
んだ．「つながりの社会性」とは，"何を伝えるのか"といったメッセージの内

容よりも "誰かとつながる" ことを最優先するコミュニケーション様式をいう. では, この「つながりの社会性」が広がると, 私たちの社会の見方はどのように変化していくのだろうか.

> 「つながりの社会性に憑かれたケータイ・ユーザーにとって, イマ − ココに広がる現実空間は, いまやケータイ・コミュニケーションのための話のタネに過ぎない. 限定的な空間のなかで行なわれる「スポーツ観戦」や「授業」, そして「通学」も, 行為者にとってなにより優先すべき状況の枠組みとはなりえず, ケータイ的なつながりに寄与する素材でしかないのだ」[北田 2011：150-151].

"誰かとつながる" ことを最優先する「つながりの社会性」では, イマ−ココに広がる目の前の出来事でさえ, "誰かとつながる" ための素材 (ネタ) になるという指摘だ. テレビの高校野球中継をみながら, 同時にその内容をTwitter へ投稿する. Instagram に動画をアップするために, 甲子園球場で球児の姿をスマホで撮る. あなた自身, スタジアムで起きている目の前のプレーに見入るよりも, 目の前のプレーを写真に撮り, LINE で伝えることに熱中した経験はないだろうか.

このような "みるスポーツのネタ化" は, プロスポーツの集客戦略にも影響を与えている. プロ野球の東北楽天イーグルスは, レフトスタンド後方に観覧車やメリーゴーランドなど, 子ども連れの家族が楽しめる公園をつくった. 横浜 DeNA ベイスターズは, 30 歳代のアクティブなサラリーマン層を対象に"ハマスタ BAY ビアガーデン" を展開, スタジアムの外でビールを飲みながらパブリックビューイングをみるという新しいスポーツ観戦の楽しみ方を提案した. 北海道日本ハムファイターズは, スタジアムとスタジアムの外 (ショッピングモール, 広場, レストラン) の境目がない, ボールパークと一体化した新スタジアム構想を発表した. これらの共通点は, スタジアムを "野球をみる場" ではなく "野球もある場" と考える発想の転換だ. まさに「野球をつまみ」に楽

Chapter 7 ≫ 甲子園のヒーローのつくり方　　183

しむことができるスタジアムづくり，"みるスポーツのネタ化"が進んでいる.

（3）変わるスポーツのあり方──スポーツと公共性──

新聞のスポーツ欄，テレビのスポーツニュース，スポーツは娯楽でありながら"報道"としても扱われる．サッカーのワールドカップやオリンピックといったスポーツイベントは，多くの場合国や自治体から税金が投入される．これらはスポーツがみんなのもの，みんなにとって大切なもの＝公共的な存在であるという共通の認識があるからこそ可能になることだ．"遠くの出来事（イベント）を多くの人と同時にみる"ことができるテレビは，この共通認識を形成するためのツールとして，非常に相性の良いメディアであった．しかし，現在は（厳密にいうと，テレビの時代にも少しずつ変化の兆しはあったのだが）インターネットの出現により，人々は"自分のみたいもの，決まったもの"しかみなくなってしまい，共通認識を形成することが困難な社会環境になっている.

島宇宙化が進む社会おいて，今後，何が公共性を担保することになるのだろうか．スポーツはその公共性を担保する存在になり得るのだろうか．今，新しい時代のスポーツのあり方が問われている.

注

1 ）一般的に読売新聞，朝日新聞，毎日新聞，産経新聞，日本経済新聞の 5 紙を全国紙と呼んでいる．また，生活に密着した情報を伝えることができる地方紙は当該地域での普及率が高く，北國新聞の場合，石川県での世帯普及率が 63.1％であった.

2 ）同じ価値観をもつものばかりで集まったグループのこと．グループは，興味・関心・価値観に合わせて多数存在するが，相互に序列や関連性をもたないため，グループ間でコミュニケーションを成立させることが難しい．宮台［1994］は，インターネットが普及する以前の 1994 年にすでに"島宇宙化"する社会性を指摘していた.

3 ）加藤［2009］はマクロ・メゾ・ミクロの 3 つのレベルで分析を行ったが，今回はメゾレベルを除いたマクロ，ミクロレベルのみの分析を行った.

4 ）2019 年 5 月時点において，『熱闘甲子園 2015』（販売元 ポニーキャニオン），『熱闘甲子園2018』～第 100 回記念大会 55 試合完全収録～（同上）は，DVD にて入手することができる.

5 ）サントリー食品インターナショナルは 2019 年 3 月から，サントリー緑茶「伊右衛門」のTV-CM として，松坂大輔投手（中日ドラゴンズ所属）と同級生で読売ジャイアンツの村田修一コーチを起用した．さまざまな困難を乗り越え，時代を超えて活躍してきた松坂投手に対して，村田コーチが「お前は俺ら世代の誇りだからよ」「咲けよ，大輔」という言葉をかける

CM が放映された.

6 ）1980 年代の"郷土愛"は，以前に"郷土愛"を自明のものとして実感できていた世代が，核家族化や都市化の進展によって失われる"郷土愛"を懐かしみ，取り戻したいという思いが反映されたものだと考えている．それに対して，現在の"郷土愛"は"郷土愛"を実感したことのない人たち，しかし，先行世代から"郷土愛的"なものを伝えられ，知識として知ってはいる世代が，"郷土愛"という物語を記号として消費している状況にあるのではないだろうか．

7 ）「コラム スポーツ経営に学ぶ　常識を超えるマーケティング発想法」（https://www.advertimes.com/20170531/article251669, 2019 年 3 月 20 日閲覧）.

参考文献

加藤徹郎 ［2009］「筋書きのないドラマの「語り」を探る——スポーツダイジェスト番組『熱闘甲子園』における物語論——」, 藤田真文・岡井崇之編『プロセスが見えるメディア分析入門——コンテンツから日常を問い直す——』世界思想社.

北田暁大 ［2011］『増補 広告都市・東京——その誕生と死——』筑摩書房.

佐々木裕一 ［2018］『ソーシャルメディア四半世紀——情報資本主義に飲み込まれる時間とコンテンツ——』日本経済新聞出版社.

清水諭 ［1998］『甲子園野球のアルケオロジー——スポーツの「物語」・メディア・身体文化——』新評社.

竹下俊郎・松井正 ［2018］「新聞」, 藤竹暁・竹下俊郎編『図説 日本のマスメディア［新版］——伝統メディアはネットでどう変わるか——』日本放送出版協会.

田島良輝 ［2005］「全国紙が構築したスポーツの価値——2002 FIFA ワールドカップを事例として——」, 濱口晴彦監修・海野和之編『社会学が拓く人間科学の地平——人間を考える学問のかたち——』五弦社.

橋本純一 ［2002］「メディアスポーツヒーローの誕生と変容」, 橋本純一編『現代メディアスポーツ論』世界思想社.

藤竹暁 ［2005］「本書を読む人のために」, 藤竹暁編『図説 日本のマスメディア［第 2 版］——伝統メディアはネットでどう変わるか——』日本放送出版協会.

宮内孝知 ［2003］「スポーツとメディア」, 早稲田大学スポーツ科学部編『教養としてのスポーツ科学』大修館書店.

宮台真司 ［1994］『制服少女たちの選択』講談社.

村上聖一・渡辺洋子 ［2018］「放送」, 藤竹暁・竹下俊郎編『図説 日本のマスメディア［新版］——伝統メディアはネットでどう変わるか——』日本放送出版協会.

web

NHK 放送文化研究所（世論調査部）［2016］「2015 年国民生活時間調査報告書」（https://www.nhk.or.jp/bunken/research/yoron/pdf/20160217_1.pdf, 2019 年 2 月 23 日閲覧）.

総務省 ［2018］「第 2 部 基本データと政策動向 第 2 節 ICT サービスの利用動向」『平成 30 年版情報通信白書』（http://www.soumu.go.jp/johotsusintokei/whitepaper/ja/h30/pdf/n5200000.pdf, 2019 年 2 月 25 日閲覧）.

内閣府 ［2018］「消費動向調査 第 6 表 主要耐久消費財等の普及・保有状況（平成 30 年 3 月）」（https://www.e-stat.go.jp/stat-search/files?page=1&layout=datalist&toukei=00100405&tstat=000001014549&cycle=0&tclass1=000001107575&tclass2=000001114115&stat_infid=000031690760&second2=1, 2019 年 2 月 23 日閲覧）.

読売新聞社 ［2017］『読売新聞メディアデータ 2018』（https://adv.yomiuri.co.jp/download/

PDF/mediakit/general/mediadata2018/mediadata2018.pdf，2019 年 3 月 1 日閲覧).

（田島良輝）

Chapter 8 スポーツの楽しさについて
―― 日常と非日常を分かち,つなぐスポーツ ――

1 スポーツが楽しいとはどういうことか

(1) 部活に行きたくない

　以前に筆者が勤めていた大学のスポーツ関連学部では，多くの学生が体育系クラブ，いわゆる部活に所属していた．そこで耳にしたのは，「部活行きたくないわぁ」とか「部活マジでめんどい（面倒くさい）」といった学生たちの声だった．もちろん来る日も来る日も練習に明け暮れているのだから，疲れてそのような思いを抱くこともあるだろう．あるいは競技として真剣に取り組んでいるがゆえのつらさもあったのかもしれない．それでも，スポーツが本当に好きで，またかけがえのないものであるはずの彼ら／彼女らの消極さは，強く印象に残っている．

　スポーツがめんどいものになっている．このことは大きな問題だと考えられる．なぜなら，スポーツとは本質的にはそれを行う本人の「スポーツがしたい」という自発性にもとづいた活動だからである．想像するに，上記の学生たちには大学まで続けてきたスポーツを好きになるきっかけがあったはずである．それは例えば球技であれば，友だちと夢中でボールを追いかけたり，懸命に練習してうまくボールを扱えるようになったりしたときなどに感じた楽しさだったのではないか．そしてまたその球技を楽しみたいと思って，グラウンドや体育館に行くのを心待ちにしていたのではないか．筆者の想像が妥当ならば，学生たちが部活に行きたくないのは，いつからか彼ら／彼女らがスポーツを楽しめなくなっていたからだとみなしても差し支えないだろう．

部活に限らず，もしスポーツを楽しめなかったらスポーツクラブに通い始めた人は長続きしないし，生徒は体育の授業を受けたくなくなる．トップアスリートですらモチベーションの維持や好パフォーマンスの発揮が難しくなる．楽しさはスポーツに不可欠な要素だといっても過言ではない．それでは，なぜ学生たちはスポーツを楽しめなくなってしまったのだろうか．この問いを出発点として，本章では ① スポーツが楽しいとはどういうことか，② なぜスポーツが楽しくなくなるのか，③ どうすればスポーツは楽しくなるのかという 3 つのポイントから，スポーツの楽しさについて論じることを目的とする．なお本章の内容は「するスポーツ」を前提としているが，楽しさという論点は「みるスポーツ」や「ささえるスポーツ」にも通じている．それぞれの関心に応じて，適宜置き換えながら読んでいただきたい．

（2）移動としてのスポーツ

スポーツ（sport）の語源とされるラテン語の deportare は，「運ぶ，移動する」というもともとの意味から転じて，「つらいこと，いやなことなどから離れる」，すなわち「気晴らしする，遊ぶ」という意味で用いられるようになった ［寒川 2015：564］．つらいこと，いやなことから離れて遊びや気晴らし（楽しいこと）へと移動する．このように語源の変遷を整理すると，スポーツの根幹には楽しさに向かう移動という性質が備わっていることが確認できる．

図 8-1 は，独特のスポーツ空間論を展開した荒井による「実社会」と「コートの中」の関係を示している．四角形の境界線によって，日常生活を送る実社会とスポーツを行うコートの中は異質な空間として明確に区別されている．また「イライラ」と「ハラハラ」はそれぞれの空

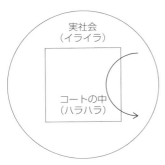

図 8-1 「実社会」と「コートの中」
出所）荒井［2003：61-64］を参照し，筆者作成．

間を象徴する気分を，弧状の矢印は実社会からコートの中へと向かい，再び実社会に戻ってくるまでの移動を表している．

　実社会でイライラするのは，そこに無数のつらいこと，いやなことがあるからだろう．もしずっとイライラした気分でしかいられなかったら，生きていくこと自体がつらくいやになってしまう．だから先の球技の例のような夢中になれる，懸命になれる楽しいことが，私たちの生活において相対的に重要な位置を占めるようになる．そして楽しいことを心待ちにする気分——荒井にならって「ワクワク」と仮称しよう——を原動力として，実社会からコートの中への移動が開始される．

　荒井は，スポーツで大事なのは「人々がふだんの生活では味わえない気分を共に感じていること．したがって，いつもと違う仲間を，また自分を感じていることである」[荒井 1987：31] と述べている．つまりコートの中での実社会とは異なる気分や感覚，楽しいことをしているときの高揚感や心地いい緊張感などといったハラハラの非日常性が，スポーツをワクワクするほど楽しいものにするのである．スポーツを終えてコートの中から実社会に戻る移動に際しては，「ああ楽しかった」とか「またやろう」といった非日常的な楽しさの余韻や記憶が残っている．この余韻や記憶が次のワクワクを醸成することで，実社会とコートの中のあいだの往来が繰り返されるようになる．総じて，スポーツにおける移動とは日常と非日常を切り替えることでイライラを打ち破り，ワクワクハラハラするような「生きている感じ」[小丸 2018：52] を呼び起こす行為だといえよう．

（3）スポーツの非日常的な楽しさ

　続いて，チクセントミハイが提唱した「フロー」という概念を参照することで，スポーツの非日常的な楽しさの内実について考えてみよう．フローとは「全人的に行為に没入している時に人が感ずる包括的感覚」[Csikszentmihalyi 1975：邦訳 66] のことを指している．フローの状態では，ほかのすべての思考

や感情が消失するほどに自分の行為に入り込んでいる．そしてそのなかで，何か特別なことが起こったと感じるような心身の自然な調和や生き生きとした感覚が体験される [Jackson and Csikszentmihalyi 1999：邦訳 6－7]．ちなみにフローという名称は，そのような体験がまるで物事のすべてがよどみなく流れる (flow) かのようだと形容されたことに由来している．

　いくつかあるフローの特徴のなかで，ここでは特に「創造」[亀山 2012b：199] に着目したい．簡約すると，創造とは変化，新しさ，不思議さ，驚きなどといった，スポーツの非日常的な楽しさの核となる日常との違いがつくり出されることだと理解できる．「小さなフロー (microflow)」と「深いフロー (deep flow)」という分類からわかるように，フローはその程度に幅がある．小さなフローとは，例えばテレビをみたりコーヒーを飲みながら歓談したりといった，日常にありふれたレベルでの行為への没入時に生じるフローのことである [Csikszentmihalyi 1975：邦訳 33]．このようなとき，たしかに私たちは流れのなかにいて楽しさを感じているが，何か特別なことが起こったという思いまでは湧いてこない．それは「人間生活の，日々くり返されるあたり前の状態（日常性）」[小学館国語辞典編集部 2006：2033-2034] との違いが，小さなフローではつくり出されないからだと考えられる．非日常という文脈にしたがって，以下より「フロー＝創造をともなう深さのフロー」として論を進めることにする．

　スポーツにおける日常との違いをつくり出すフローの具体例として，筆者が担当する授業で書いてもらった学生の小レポートから，興味深い体験談をふたつ紹介しよう．

　　中学1年生の時の（空手の）全国大会で1回戦から決勝まで1ポイントも相手に与えずに優勝した．その時は完全にゾーンに入った状態だった．試合の時は全てがスローに見えて，自分だけが普通に動いていて，周りの声も一切聞こえなくなった．気づいたら勝ってて，全く息もあがってなく疲れてもなかった．その時は右手の甲の骨が折れたまま試合に出場してた

Chapter 8 ＞ スポーツの楽しさについて　191

けど，痛みも全くなく完治してるんじゃないかと思ったぐらいだった．

　（柔道の試合で）相手の道着を持った瞬間，相手が自分の身体の一部のように一緒になった感覚にかられた．その時は一度も投げられなかったし，相手は疲れ，自分は疲れていなかった．とても楽しく不思議な時間だった．しかし時間はあっという間に過ぎており，我を忘れていた私は相手を投げることを忘れていた．結果引き分けである．

　ひとつめの例にある「ゾーン」とはスポーツの世界でよく言及される体験で，その意味内容はフローとほぼ同じだとみなされる［亀山 2012b：iii‐iv］．周りの声も骨折の痛みも消え去り，自分以外のすべてがスローモーションに感じられるとは，体験したことのない者にとっては想像するのも難しい境地のように思われる．次にふたつめの例では，相手が自分の身体の一部となって思いどおりになるという不思議な感覚を，時が経つのも試合に勝つという最大の目的すらも忘れてしまうほどに楽しんでいる．ここまでの深さではなくとも，友だちと夢中でボールを追いかけているうちに，お互いの息がぴたりと合ったり個々の意識を超えた一体感が生まれたりすることがある．また懸命に練習してうまくボールを扱えるようになった瞬間には，それまでの自分にはなかった新しい動きが具現化している．いずれの場合も，スポーツによって日常との違いがつくり出されている点は共通している．

　フローを体験しているとき，その行為は「自己目的的」［Csikszentmihalyi 1975：邦訳 31］になっている．自己目的的とは，行為の動機が行為そのものにあるということ，「スポーツがしたいからスポーツをしている」ということを意味している．反対に「給料のために仕事をしている」とか「単位を取るために授業に出席している」といった具合に行為が外発的に動機づけられているとき，特に仕方なくその行為を行っているときには，フローから遠ざかってしまう．日常生活における行為の多くはしたいかしたくないか以前に何らかの理由でしなければならないものであるため，私たちのうちに「心と身体のズレ」

［亀山 2012a：61］を生じさせる．一方で，純粋に自分のしたいことをしている自己目的的な行為では，このようなズレは解消されている．それはいわば何にも拘束されることなく，本当に自由になることに等しい．そして本当に自由になったときにつくり出される日常との違いが，「これだ」という確信にも似た形で，おぼろげな生きている感じの輪郭をはっきりと浮き上がらせてくれるのである．

　またフローを体験するには，行為にある程度の不確かさが潜在している必要がある［Csikszentmihalyi 1975：邦訳 125-126］．日常との違いは，ワクワクハラハラするなかで思いがけずつくり出されるものであるからこそ楽しいと感じられる．もし先に起こることのすべてがあらかじめわかっていたら，ワクワクもハラハラもしようがない．特に身体の自由度という点からみれば，同じ身体活動のパターンの反復で事足りる場合が多い日常生活に比べて，絶えず新しい動きが求められるスポーツ［亀山 2012b：66］はフローとの親和性が非常に高い．極言すれば，もとより私たちはフローを求めているからこそ［Csikszentmihalyi 1975：邦訳 66］，日常から離れてスポーツをするのである．

2　なぜスポーツが楽しくなくなるのか

（1）フローの喪失

　話を冒頭の問いに戻そう．なぜ学生たちはスポーツを楽しめなくなっていたのだろうか．前節の議論を踏まえれば，答えは彼ら／彼女らのスポーツ（部活）からフローが失われ，実社会とコートの中のあいだの移動が成り立たなくなっていたからである．全くフローのないスポーツというのは，現実的にはありえないかもしれない．しかし少なくとも先ほどとは別の学生が書いてくれた以下のふたつの体験談からは，部活におけるフローの喪失とでもいうべき状況を読み取ることができる．

（スポーツを）部活として毎日やるのが苦痛です．私がしているバスケは「習慣」のスポーツなので，毎日同じことを繰り返し練習します．最初はどんなことをするんだろうとハラハラした気持ちがあって楽しいけど，それが連続して毎日することによってただの「作業」になっていっている気がします．試合も本来は楽しいものだけど，同じメンバー，同じ時間などしばられた状態でやると，楽しさではなく「慣れ」でだんだんだらけてきます．自分がやろうと思ってしている時は楽しいけど，指導者やコーチに指図されてすると楽しくないという経験が多いです．

私が体験したフローは部活を引退してからその競技（バレーボール）をすると，現役でやっていた時よりもうまいプレーができるというものです．現役の時は試合に勝たないといけないというようなプレッシャーや，先生に怒られるなどの恐怖感があったけど，引退してからはそのような感情から解放されて素直にその競技を楽しむことができていたから，現役時には閉じこめられていた才能が発揮できるようになったのではないかと私は考えます．

ひとつめの例では，何もかもが同じことの繰り返しで変化のない部活でのスポーツは苦痛だとはっきり書かれている．またひとつめの例の終わりにある指図，ふたつめの例に記されたプレッシャーや恐怖感は，部活におけるスポーツが自己目的的とは真逆のさせられるもの，しなければならないものになっていることを示唆している．さらにふたつめの例では，消極的な感情から解放されて競技を素直に楽しめるようになった部活引退後に，現役時にはできなかったうまいプレーの創造がなされている．こうしたフローを潰すかのような部活のあり方の背景の一端には，上達する，強くなる，試合に勝つ，人間として成長するなどといった成果の獲得に一義的な価値を見出す成果主義があると考えられる．スポーツをつまらなくする成果主義の弊害について確認すべく，今一度荒井とチクセントミハイの議論に立ち返ることにしよう．

(2) 待てない成果主義

　図 8-2 は，フローの条件として有名な技能と挑戦のバランスを示したものである．この図では，持っている技能の水準と挑戦する課題の水準が一致し，2本の斜線のあいだのフローチャンネルに入ったときにフローが体験されうると考える（図中の A, D, G）．技能に対して課題が簡単だと退屈を感じ（図中の B, E），難しいと不安になる（図中の C, F）．

　D において，それまでできなかった動きの創造がなされるとしよう．A から D に向かうには，新しい課題を設定するとともに技能を上げるための練習を積み重ねて，ふたつの水準をより高いところで一致させなければならない．ただしここで注意しておかなければならないのは，ふたつの水準が一致すればすぐに創造に至るのではないということである．新しい動きとは試行錯誤のなかでふとできるようになるもので，またそのタイミングやきっかけなどはそれぞれに異なっている［小丸 2018：5-6］．思いがけず到来する「できた」という瞬間を，私たちは「待つ」必要があるのである［迫 2010：152-154］．

　ところが，成果主義は待ってくれない．画一的な作業を強いられ，先生に怒

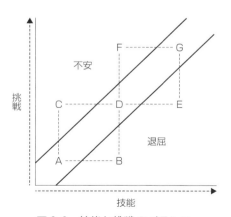

図 8-2　技能と挑戦のバランス
出所) Csikszentmihalyi ［1975：邦訳 85-92］ を参照し，筆者作成．

られながらスポーツをする部活は，待つどころかむしろ「早くできるようにな
れ」，「ちゃんとやれ」と急かしているようにさえ思われる．成果主義における
スポーツは，それをして何のためになるのかという功利原則と，どうすれば確
実かつ効率的に成果を得られるのかという合理性にもとづいて行われる．功利
原則によってスポーツをする意味やすべきことが決定され，決定されたすべき
ことの合理化によって，日々繰り返されるあたりまえが形成される．よって成
果主義では新しい動きの創造についても，そのためにすべきあたりまえのこと
をしていれば必然的にできるようになると考える．必要な技能を習慣のレベル
でできるようになるための合理的な方法であるから，作業のように同じ練習を
繰り返す．できて然るべきことができないのはおかしいから，先生が怒る．こ
のように一定の型に押しこめることによって，成果主義はスポーツを自己目的
的なものから成果のためにさせられるもの，しなければならないものへと変質
させていくのである．

　それとともに成果主義は，スポーツにおける身体の自由度を制限する．成果
を確かなものにするためのあたりまえによって，スポーツが同じ動き，決めら
れた動きばかりになり，主体的な違う動き，新しい動きは求められなくなる．
日常生活において反復される多くの行為と変わらなくなったスポーツへの慣れ
が楽しむ意欲を削ぎ，部活がだらけたつまらないものになってしまうのである．

　本来なら，技能を高めようとしたり勝利を目指したりすることは行為への深
い没入を誘発するので，成果主義とフローは必ずしも相反しない．しかしなが
ら，過剰な成果主義は成果の獲得を確かにすることに偏重するあまりに不確か
さを排除し，スポーツを非-自己目的的なものにする．そしてその結果として，
ふたつめの例における才能を閉じこめられていたという的確な分析のとおり，
皮肉にもフローという最高の成果を退けるのである．

（3）スポーツの日常化

　スポーツが同じことの繰り返しで楽しくない．自分からしたいと思えるスポ

図 8-3 「実社会」と「コートの中」の関係の変容
出所）図 8-1 をもとに筆者作成．

ーツとは違うことをしなければならない．そのようなスポーツは楽しくないだけでなく，もはやつらいこと，いやなことでしかない．これらのことを総じてスポーツの日常化と捉えるならば，図 8-1 の実社会とコートの中の関係は図 8-3 のように変容していると考えられる．

　点線化した四角形の境界線は，成果主義によってスポーツが日常化し，実社会とコートの中の区別が不明確になったことを表している．日常化したスポーツではワクワクもハラハラもできなくなるので，日常と非日常を切り替える移動は成り立たない．イライラだけが残存するなかで心と身体はズレたままになり，「マジでめんどい」といいながらスポーツを続けるしかなくなる．

　成果主義の台頭によって，コートの中はただスポーツがしたいからスポーツをしているだけの空間ではなくなってしまった．このことは図のなかだけ，あるいは部活だけの話ではない．国のスポーツ施策，地域のスポーツイベント，子供たちのスポーツ教室，個人的なフィットネスなど，とりわけ実社会からの要請によってあらゆるスポーツがさまざまな成果を得るための手段と化し，また成果を確かなものにするための制度や規範によって管理されるようになった．現実に実社会とコートの中の境界線が消えかかり，スポーツの日常化が進行しているのである．

　成果主義における成果（への見込み）には，楽しくないこと，つらいこと，いやなことを正当化する意味がある．また実際に成果が得られれば，相応の達成感や充実感もあるだろう．しかしながら，もしスポーツのような本当に自由になれるはずの活動さえも「それをして何のためになるのか」と問われる社会に暮らしているとしたら，私たちの生活は決められたとおりに動く機械のようになってしまうだろう．要するに，生きている感じがしなくなるのである．はた

Chapter 8 ＞ スポーツの楽しさについて　197

して，私たちはそのようなことを望んでいるだろうか．

Ⅲ　どうすればスポーツは楽しくなるのか

（1）残された非日常へ

　社会のあらゆる事象が日常化されてもなお，最後まで非日常であり続けるものがあるとしたら，それは死である．死は，繰り返すことも経験する（振り返って意味づける）こともできない．またそれ以上の先がない死は，成果主義から完全に外れているという意味で絶対的な自由を象徴しているともいえる．通常ならば，死は私たちにとって遠ざけねばならないものだが，死に近づくことで機械化しつつある自分を壊し，生きている感じを取り戻そうとする人々のスポーツが近年盛んになっている．その顕著な例であるエクストリームスポーツとエンデュランススポーツを取り上げることで，実社会とコートの中の境界線を引き直し，フローを回復する手がかりを探ってみよう．

　エクストリームスポーツとは速さや高さ，技の危険さ，過激さを特徴とする多種多様なスポーツの総称で，例えばビルや断崖などからパラシュートを使って飛び降りるベースジャンプ，呼吸用の装置を使わないフリーダイビング，大怪我や死の危険と隣り合わせた形で行われるスケートボード，スキー，サーフィン，クライミング，カヤックなどが該当する [Kotler 2014：邦訳 378-379（訳者あとがき）]．20世紀の終わりごろからこれまでのあいだに，エクストリームスポーツの世界ではほかのスポーツを圧倒するようなスピードで「可能なこと」の限界がより遠くへと押し広げられてきた．水泳の飛込競技がおよそ1世紀かけて回転角度を900度増やした一方で，スキーのビッグエア競技では10年ほどで1640度も増えた．またフリースタイルモトクロスでは，オートバイでのバックフリップ（後方宙返り）は不可能だという常識を2002年に二人の選手が覆すと，その4年後にはダブルバックフリップ（後方2回宙返り）まで実現した [Kotler 2014：邦訳 26-31]．次々に新しい技や記録が生まれ，できないはずのこ

とができるようになる．つまりエクストリームスポーツでは，フローによる高次元の創造が異常なほど頻繁に起こっているのである．

　エクストリームスポーツで限界が更新され続けてきたのには，単純明快な理由がある．フローになれなければ失敗して「ひどい目に遭う」ので，「ほかに選択肢がない」のである［Kotler 2014：邦訳 74］．一歩間違えれば地面に叩きつけられたり，大波や激流に飲み込まれたりする環境で新しい課題に挑戦するエクストリームスポーツでは，成果主義とは別の意味で創造の瞬間を思いがけないものとして待ってはいられない．見方を変えれば，必ずフローになれるという確信こそが，エクストリームスポーツのアスリートたちが死に近づく最大の動機なのだと考えられる．

　フリーソロと呼ばれるロープやプロテクション（確保支点）を用いずに岩壁を登るクライミングスタイルを開発したポッターは，落ちたら死ぬという状況下でのフローについて，自分がどうすべきかを「ボイス（直観の声）」が教えてくれるのだと語っている［Kotler 2014：邦訳 107-110］．山頂に到達するまでのあいだ，ポッターはボイスにしたがうことで死を乗り越える動きを創造し続ける．その判断は迷いなく正確で，まさに流れるように岩壁を登っていくことが可能になる．そして以下のように，ボイスによる創造の体験こそがポッターの渇望するものなのである．

　　パタゴニアに行ったのは，自分の直観を磨くため──つまり，ボイスに耳を傾けるためだ．それに実際に波長を合わせると，深いゾーンに入る．自分が完全に消え去り，岩とひとつになれる境地にたどりつく．時間の流れは遅くなり，感覚は信じられないほど鋭くなる．そしてあの一体感が，あの体全体が宇宙と精神的につながる感覚がやってくる．そこに到達するには，自分の命を危険にさらす必要があったけれど，目的は達成できた．だからこそ，私は山に登る．そういう体験がどうしてもしたい．岩の上に立つために登っているわけじゃないのは確かだ［Kotler 2014：邦訳 116］．

Chapter 8 ＞ スポーツの楽しさについて　　199

　ポッターは，自分はフローへの「近道」をしているのだと率直に認めている
[Kotler 2014：邦訳 132]．彼が命の危険と引き換えに，登頂の成功という成果で
はなく登ることそのもののなかにある創造の体験を求めるのは，それが本当の
自由と生きている感じに通じているからにほかならない．エクストリームスポ
ーツはその黎明期から，自由と創造性に重きを置いてきた．技術や速さなどの
優劣を競ってただ一人の勝者を決めるのではなく，いかに自分を表現するか，
自由な解釈と発想でおもしろいことができるか，心に抱いている新しい展望を
実現するかにすべてをかけることで，エクストリームスポーツは急速な発展を
遂げてきたのである [Kotler 2014：邦訳 287-289]．

　死と隣り合わせになりながら創造性を発揮して自由に生きようとすることに，
生活を破綻させる可能性が含まれている点は看過できない．強烈なフローには
命の危険に身をさらすこともいとわなくなるほどの中毒性があり，実際に多く
のアスリートが亡くなっている [Kotler 2014：邦訳 305-310]．そのなかでエクス
トリームスポーツが私たちに改めて教えてくれるのは，違い（変化）は自分の
力でつくり出せるのだということである [Kotler 2014：邦訳 16]．そしてこの教
えは，世界屈指のベースジャンパーの一人に数えられるディッシャーの以下の
言葉に端的に表現されている．

　　　誰でも，子どものときからずっと，自分にはこんなことが実現できると
　　いう夢を抱いてる．その夢に近づくとすぐに，別の夢を抱く．学び続けた
　　い，進化し続けたいという願望がいつだってある．境界線があったら，そ
　　れをちょっとつっついてみりゃあいい．すると，それが実際には境界線じ
　　ゃなかったとわかる．不可能なことは，本当はもう少し先にあるから，そ
　　こまで行って，またそれをつっついてみる．そういうことを十分長いあい
　　だやっていたら，それに慣れてくる [Kotler 2014：邦訳 237-238]．

　ディッシャーのいう慣れとは，成果主義におけるだらけてしまうことへの慣
れではなく，違いをつくり出そうとすることへの慣れである．自らの境界線を

みつけてワクワクし，ハラハラしながらそれをつつく．そのようなフローへと開かれる「遊び心」[Kotler 2014：邦訳 366] を，スポーツは取り戻さなければならないのではないだろうか．

（2）日々の更新と積み重ね

エンデュランススポーツとは，マラソンやトライアスロンなどのような長時間，長距離にわたる苦痛を特徴とするスポーツの総称である．筆者自身が経験者で，かつ研究対象としているトライアスロンに関して述べると，水泳（スイム），自転車（バイク），ランニング（ラン）を連続して行うこのスポーツには，「過酷」，「限界への挑戦」，「自分との闘い」といった類の言葉がしばしば付される．つまり延々と泳ぎ，漕ぎ，走ることで，選手たちは平時から離れて生の極限へと近づいていくのである [浜田 2017：210]．また昨今のマラソンブームに鑑みるに，たとえそのような意識はなくとも，実はたくさんの人々が死に接近し，日常との違いをつくり出そうと試みているのだといえよう．

市民スポーツとして広く一般に親しまれているエンデュランススポーツの実践について，美容師として店を営む傍らでトライアスロンを愛好するＨさんの事例 [浜田 2013：116-118] を紹介しよう．もともと走ったり泳いだりすることが好きだったＨさんはトライアスロンに興味を抱いてはいたものの，それは彼にとって自分にできるとは思えない「とんでもなくすごすぎるもの」だった．しかし入会したスポーツクラブでトライアスロンを楽しむ「仲間」と出会い，ともに泳ぎ始めたことを機に，Ｈさんは熱心にトライアスロンの練習に取り組むようになった．そしてかつては不可能だと考えていたロングディスタンス（最長距離のカテゴリー区分）の大会完走を果たした．

Ｈさんがロングディスタンスの大会を完走するまでの過程には，自分の限界を更新する多くの創造の体験があった．Ｈさんは「仲間」との水泳練習についていけずに苦しんだ初心者当時の心境を「いやあもう負けずうばっかりやった．いつかみていろ僕だってみたいな」と振り返る．「仲間」についていこうと必

死に泳いだ体験は，やがてHさんにとって「自分の一番の根っこ」となった．そして「（「仲間」に）引っ張られることで限界を，自分が思っとる限界を1回超えるとね，そこが自分の限界になるじゃん．そうやって超えてきたよね」という語りのように，「仲間」に触発されながら境界線の先へと進み続けることで，Hさんはとんでもなくすごすぎると思っていたところにまでたどり着いたのである．

　それでは，トライアスロンにおける日々の更新はHさんの実社会での生活にどのような影響をおよぼしたのだろうか．Hさんは美容師という職業を選んだ経緯を以下のように説明してくれた．

　　　美容師選んだ理由，高校普通科じゃけど行って，高校普通科じゃけえほとんどのやつが大学行くわけじゃん．んで俺高校んときに大学，あまりお勉強得意なほうじゃなかったんで，「大学，大学ねえ」いう感じで．まあ卒業してその後仕事するとすれば，今の日本の仕組みからしたら，高校で一緒に遊んどったやつらは大卒，俺は高卒．「一生こいつらには勝てん」っていう仕組みになっとるじゃん，会社員だったら．公務員とか会社員，一生勝てん．何かその悔しい，そんなんが嫌やって．実力以前にそんなもんでレッテルみたいなんで勝負つけられるんって嫌じゃん．自分は（レッテルが関係）ない仕事がいいと思ったら，うちのお袋が美容院しよったし．

　Hさんは高校卒業後，見習い期間を経て実家の店を継ぎ，順調に仕事をこなしていった．しかし「アタマではわかっとったんよ．でもやっぱりどっかで（自分と他者を）比べよったよね」という述懐からわかるように，Hさんは就業後も既存の社会構造に対する抵抗感や自分自身への漠然とした不安を抱え続けていた．

　Hさんに変化をもたらしたのは，トライアスロンを通じた達成感だった．「それ（大会などの目標）に向けて，要は積み重ねていくわけじゃんかあ，ねえ．積み重ねていくときに，今日やるべきことが今日できたと思えたら達成感．で明日はこれを足すっていうのを毎日毎日積み重ねていけば必ずここ（目標）に

たどり着くじゃんか」と，Hさんはトライアスロンに取り組むうえで自分ができることの積み重ねが大切だと考えている．目標に向けて練習に励み，少しずつ限界を更新することで得られる達成感の積み重ねは，美容業やそれを含めたHさんの人生全体を前向きなものにさせていった．

　　やっぱり美容の仕事って，まあ美容だけじゃないけど，お金をいただいたうえに「ありがとう」っていってもらえる．それはね，やっぱりちょっと快感よ．一応こっちがお金もらって「ありがとう」っていわにゃいけん．お金をもらったうえに「ありがとう」っていってもらえる，それはちょっとねえあの，いいよ．達成感あるよね．（中略）まあその（トライアスロンと仕事）両方の達成感を感じることが，やっぱり人生の達成感の積み重ねにはなるよね．それでもう「人生は楽しい」って．

　Hさんの語りからは，トライアスロンを始める以前にはなかった感覚が，実社会をも変容させたことがうかがわれる．達成感を積み重ねていくときの生きている感じが実社会にも持ちこまれたことで，Hさんは人生そのものを楽しいと思えるようになった．Hさんにとって，トライアスロンという楽しいことに向かう移動とは，つらいこと，いやなことからの逃避では決してない．それは実社会とコートの中の境界線を明確にしたうえで，両空間をつなぐことだったのである．

（3）カラダで感じる

　Hさんの例からもわかるように，フローは仕事や一般的な生活様式の文化的定義を実際に考えられているよりも柔軟なものとして眺めることを可能にし，日々の生活がより自由になる方法を示唆してくれる［Csikszentmihalyi 1975：邦訳 279］．Hさんにとって，その方法とは自分と向き合うことだった．

　　　自分と向き合ってやってればね．何かそう，それを，それを何かトライ

アスロンやってて身につけた，そのへんの感覚を身につけた感じがする．
逆にね，その人生においてよ，人生においてね，人生の達成感みたいな感
じいう意味で大きな表現の仕方をしたとすれば，人と比べて，自分の幸せ
を人と比べたっていつまで経っても埋まらんとこって出てくるじゃんか．
自分が満足であれば，自分が，自分と向き合うことができれば，自分が満
足なら満足できるじゃんか．そこらへんの感覚をアタマでは思いよったけ
ど，カラダで感じた．カラダでというか，のはあったけどね．

　どうしても埋まらないところが出てくるのだから，自分と他者と比べても仕
方ない．しかしいくらアタマでわかっていても，Hさんは自分に満足すること
ができずにいた．もし「真の自己」と称されるような比べる必要のない自分を
みつけたければ，私たちは他者を鏡として自己を認識する「双数関係」の外部
に向かわなければならない [作田 2003：87-88]．

　エンデュランススポーツを象徴する苦痛や死は，双数関係の外部に向かう契
機となる [作田 2003：100-101]．苦痛を介して死に近づくエンデュランススポー
ツの過程では，自分と他者を差異化する社会的な諸価値（成果）が剥ぎ取られ
てしまう [浜田 2017：215]．ふだん自分がしていることや考えていることの意
味も，競技に参加している理由さえもよくわからなくなり，ただ苦しみながら
少しずつ前に進む自分だけが最後に残る．自分と向き合う感覚をカラダで感じ
たとは，そのような何にも囚われることなく目の前の一歩にすべてをかけるい
つもとは違う自分との出会いの体験であり，この体験がHさんの人生観を大き
く転換させる核心となったのである．

　ジャクソンとチクセントミハイは，「人生が常にストレスに満ちた退屈なも
のであるということは決してない．人生の輝かしい道標として，日々の混沌か
ら際立つ瞬間がある．数千年に及ぶ歴史を通して人類のすべての努力は，さま
ざまな意味でそのような充実した瞬間をとらえ，それらを少しでも日常の一部
とするために注がれてきたといえるだろう」と述べている [Jackson and

Csikszentmihalyi 1999：邦訳4]．日常と非日常をつないで人生を豊かにすること
を，私たちは普遍の願いとして抱き続けてきた．死に近づこうとする人々の出
現は，このような願いとは裏腹にフローを潰し，イライラばかりを増大させる
社会においてもなおフローが強く求められ，また体験しうることの証である．
私たちはフローを求めてスポーツをするのだった．ならばこれからのスポーツ
では何を成し遂げたかだけではなく何を感じたか，そして何かを感じるその瞬
間が大切にされなければならないだろう．

参考文献

荒井貞光［1987］『「コートの外」より愛をこめ——スポーツ空間の人間学——』遊戯社.

荒井貞光［2003］『クラブ文化が人を育てる——学校・地域を再生するスポーツクラブ論——』大修館書店.

亀山佳明［2012a］「スポーツにおける精神と身体」，井上俊・菊幸一編『よくわかるスポーツ文化論』ミネルヴァ書房.

亀山佳明［2012b］『生成する身体の社会学——スポーツ・パフォーマンス／フロー体験／リズム——』世界思想社.

Kotler, S. [2014] *The Rise of Superman: Decoding the Science of Ultimate Human Performance*, Amazon Content Services LLC（熊谷玲美訳『超人の秘密——エクストリームスポーツとフロー体験——』早川書房，2015年）.

小丸超［2018］『近代スポーツの病理を超えて——体験の社会学・試論——』創文企画.

作田啓一［2003］『生の欲動——神経症から倒錯へ——』みすず書房.

迫俊道［2010］『芸道におけるフロー体験』溪水社.

Jackson, S.A. and Csikszentmihalyi, M. [1999] *Flow in Sports: The Keys to Optimal Experiences and Performances*, Champaign: Human Kinetics（今村浩明・川端雅人・張本文昭訳『スポーツを楽しむ——フロー理論からのアプローチ——』世界思想社，2005年）.

小学館国語辞典編集部編［2006］『精選版 日本国語大辞典 第二巻』小学館.

寒川恒夫［2015］「スポーツの始まり」，中村敏雄・高橋健夫・寒川恒夫・友添秀則編『21世紀スポーツ大辞典』大修館書店.

Csikszentmihalyi, M. [1975] *Beyond Boredom and Anxiety: Experiencing Flow in Work and Play*, San Francisco: Jossey-Bass（今村浩明訳『楽しみの社会学 改題新装版』新思索社，2000年）.

浜田雄介［2013］「エンデュランススポーツの体験に関する一考察——広島県西部のトライアスリートの事例から——」『スポーツ社会学研究』21（1）.

浜田雄介［2017］「純粋贈与としてのエンデュランススポーツ」，広島市立大学国際学部〈際〉研究フォーラム編『〈際〉からの探求：つながりへの途』文眞堂.

（浜田雄介）

コラム4	身體運動文化としての祭り
	——日本人はなぜ神輿を担ぐのか——

　身體運動文化（Physical Arts）とは，スポーツ，武道，舞踊，芸能，祭りなど古代から生活に密着してきた身体技能のことを指し，人々にとって精神的な拠りどころとなる文化のことをいう．このコラムでは身體運動文化における"祭り"について話をしたい．

● 神人公会——スポーツ，舞踊，芸能のはじまり——

　日本の祭りの中心には「神輿の渡御」という行事がある．渡御とは，神霊が宿った神体を神輿に移し，氏子地域内への行幸や御旅所などを巡幸することをいう．そこでは神輿に招かれた神々とそれを見る人々の間に「見る - 見られる」の関係が成立する．この神人公会の場において，風流（= 祭礼での飾り立てた作り物やこれに伴う音楽，舞踊．みやびやかなもの，風情に富んだものを意味する）をもった山車祭りや運動競技，芸能が披露されるようになった．日本の民俗学の創始者である柳田國男は「日本在来の運動競技，相撲，綱引き，動物を使った鶏合わせ，（中略）など，ほとんどその全部がこの種の祭の催しに始まる」〔柳田1971：244〕と指摘した．また，古典芸能を民俗学の視点から研究し，新境地を開いた折口信夫〔2002〕は祭りを『古代研究 I 祭りの発生』において，他界から来訪する神を迎え，その呪言を聞き土地の精霊が誓いの言葉で返答する儀式として，服従をあらわす儀式を分かりやすく表現し，神と人々が供え物を共食して歌舞を演じる饗宴を行う，この歌舞こそ芸能のはじまりであるとした．

● 日本人の身体的特徴

　日本には日常と非日常のふたつの身体の方法が結合した文化の伝統が受け継がれてきた．日常の身体は「労働：褻（ケ）の身体」であり，非日常の身体は「祭り：晴（ハレ）の身体」と呼ぶ．人々は"ハレ"の祭りで相撲を取り，綱を引き，重石を挙げ，弓を射る．そして踊り，舞い，唄い，神輿を担ぎ，山車を曳く．日常の労働で作られた身体をもととした催し物を神々に捧げるのである．そして，この身体には民族的心性が宿るようになる．

　藩政期，日本の農村には労働や余暇とは別に肉体的な活動が盛んに行われていた．祭りの宝庫と称される石川県能登半島では，相撲，番持，芝居が行われ，特に体力向上を目的に相撲が奨励されてきた歴史がある．農民はいたる所に角力場を設けて娯楽を兼ねてはげみ，縁日や祭日には近郷の若者が集まって対戦した．これを寄合角力，草角力として勝利者を地域をあげて誉めたたえ，喜びをともにした．番持とは臂力（筋肉の力）を試すため石や米俵を持ちあげる競技である．相撲のように寄合番持が行われ，一石（180 kg）以上の米俵を持ち上げる者も各村々に少なからずいたと伝わる．このため寄合番持ちには村の力自慢が自らの晴れ舞台として参加し，村人はこぞって応援に駆けつけた．番持は農村男子の体力練磨の方法として奨励され，労働においても勤労を尊び，各自競技的に労役に耐えることを誇りとしていた．

　また，無文字社会の歴史と文化を研究した川田順三は，ヒトをホモ・ポルターンズ（運ぶ人）としてモノと身体の関係に言及した．そのひとつに西アフリカ内陸の黒人，白人，日本人とアメリカ先住民も含む黄人（モンゴロイド）の3種の民族を対象に「文化の三角測量」を行った興味深い研究がある．日本人の場合，四肢の短さがその特徴であり，腰を重視して引きつける動作を得意とする．具体的には，肩で重心を支える天秤棒のような棒運搬や低重心の背負い運動が得意になる．川田の研究

コラム4　身體運動文化としての祭り　207

写真1　キリコをかつぐ人々（石崎奉灯祭）
出所）筆者撮影.

知見から考えてみると，祭りで神々を迎え賑やかすための神輿担ぎ（写真1）は，日本人の最も得意とする身体技法であるといえよう．腰を重視してモノ（祭具：神輿，山車）を神々の依り代として曳く，担ぐ，昇くなどの動作をもって饗応し，神人交会を行ってきたのである．

● 遊びのはじまり

　日本人の遊びの原点は祭りにおける神遊びにある．古事記・日本書紀に記せられた「天岩戸神話」における天鈿女命の舞踊りと神々の賑やかしが，日本における神遊びの記述の最初である．また「魏志倭人伝」には倭人（日本人）が死者のため10日間の喪に服し，その周りで歌舞飲食する習俗があったことが記されている．神の霊力を振るい起こすために行われた神遊びは，遊びの概念に強く影響を及ぼした．古代においては神人交会の信仰的行為を遊びと捉え，この遊びが信仰から離れた時代になっても長く信仰の名残が残った．遊びは神遊びにはじまり，神意に反しないかぎり人が遊べば遊ぶほど神は喜び，神威を高め，人は神々に近づくと考えられてきたのである．

宗教史の研究者である薗田稔は「祭りを宗教現象としてとらえる時，祭りは神への信仰の表れとなるべきであるが，熱心な祭礼奉仕者が実は強い信仰心を持つとは限らない．近所づき合いや町のまとまり，素直に祭りが楽しいとしている者が圧倒的に多く，本来潜在的であった祭りの統合効果が公の主旨となり，祭りの神学となっている」〔薗田1990：31〕として，人々の祭りに対する宗教的以外の態度を指摘した．また柳田は「日本の祭りを近よって見て行くと，何か普通の宗教の定義以上に，更に余分なものがあったことを認めないわけにはいかない．けだし天然又は霊界に対する信仰というよりむしろ観念となずくべきものを我々は持って居た．それが遠く前代に遡っていくほど，神と団体との関係は濃くなり，同時に又祈願よりも信頼の方に力を入れるものが多くなって居る」〔柳田1971：244〕として，祭りを「祭り≒信仰」と常識的に捉えず，信仰以外の余分に着目した．

　この余分こそが信仰ではなく信頼であり，祈願以上に信頼が日本の祭りの宗教性であるというのだ．つまり神輿とは神を迎える装置であり，祭りとは日本人が得意な身体技法をもって神々を饗応し，風流により発展した民族特有の遊び，身体運動文化といえよう．

参考文献

折口信夫［2002］『古代研究Ⅰ祭りの発生』中央公論社.
薗田稔［1990］『祭りの現象学』弘文堂.
柳田国男［1971］『定本柳田國男集第十巻』筑摩書房.

（大森重宜）

おわりに

　本書のタイトルは『スポーツの「あたりまえ」を疑え！　──スポーツへの多面的アプローチ──』ですが，執筆者は，各々が専攻するスポーツ研究領域を異にしており，関心を寄せるスポーツも多様であることが伝わりましたでしょうか．

　スポーツ自体の価値や将来像を語るうえで，まずはスポーツを取り巻く複雑化した事象を説明するためには，時に多面的にアプローチすることが説明を容易にする（「なるほど，そうか！」と思わせる）ことに，私自身が本書で再認識するに至りました．

　本書に限らず，スポーツ科学に関連する論考は，現場にいる多くの人々との関わり合いの中で生み出され，研鑽されたものです．各章に収められた論考に関わる人々は膨大ですが，スポーツから体験する様々な葛藤，限界の探求から得られる価値を感じ取り，一方でスポーツの事象を語ることで，私達が生きる社会を説明し，理解することの必要性や尊さが共有できていれば幸いです．

　また，本書は，学生やスポーツをこれから学ぼうとする方々の入門的（初学的）な書とするイメージも持って編まれています．私自身は学生の時（スポーツを学び始めたころ）にはあまり読書が好きなほうではありませんでしたが，一冊の本だけで物事への関心や見方さえも変わることを後に教えてもらいました．本書の内容をさらに深めていこうとする際に，道標となる著書を執筆者の推薦をもとに以下に紹介してみたいと思います．

　Chapter 1 は，スポーツとジェンダーがテーマでした．スポーツを文化として捉え平等などの概念を学びたいものです．多木浩二著『スポーツを考える：身体・資本・ナショナリズム』[筑摩書房, 1995] は，哲学・美学で著名な著者

210

が，はじめて手がけたスポーツの文化論です．手に取りやすい新書ながら，社会の中でスポーツを位置づける際に浮かび上がる問題を網羅しており，スポーツを文化として考える際の格好の入門書になっています．また，他国のスポーツの成り立ちに目を向けるのも良いでしょう．松井良明著『近代スポーツの誕生』［講談社現代新書，2000］は，スポーツが現在のようなかたちになる以前，発祥地であるイギリスではどのようなものがスポーツとして楽しまれていたかなど，他国におけるスポーツの変遷を解きほぐしてくれる本です．

　Chapter 2 は，学校体育とその後の豊かなスポーツライフの関係に言及しましたが，学校体育におけるスポーツの捉え方やその変化・動向を探っていく必要があります．高橋健夫・他著『体育科教育学入門』［大修館書店，2010］や全国体育学習研究会編著『「楽しい体育」の豊かな可能性を拓く』［明和出版，2008］は，学校期とその後のスポーツとの関わり方を模索するうえでヒントを与えてくれます．さらに，島崎仁著『スポーツに遊ぶ社会にむけて──生涯スポーツと遊びの人間学──』［不昧堂出版，1998］は，スポーツの本質が「遊び」であり社会を豊かにする源泉と言われる理由を教えてくれます．

　Chapter 3 では，学校の中でも運動部活動に焦点が向けられました．学校（体育）とスポーツライフの入り口との狭間で，運動部活動が果たしてきた役割は大きく，一方で課題も山積しています．荒井貞光著『これからのスポーツと体育』［道和書院，1986］や松田雅彦著『現代スポーツ評論 38：生涯スポーツ時代の学校体育の不易と流行』［創文企画，2018］は，体育（身体教育）からスポーツへと転換している状況を理解することに役立つでしょう．学校と地域がスポーツにより結びつくかは，黒須充編著『総合型地域スポーツクラブの時代：部活とクラブとの協働』［創文企画，2008］などを参考にぜひ検討してみてください．

おわりに 211

Chapter 4 では，アスリートの育成環境がテーマでした．アスリートが国内外問わずハイパフォーマンスを発揮するために，どのような育成環境を創っていけるかが肝要です．日本コーチング学会編著『コーチング学への招待』[大修館書店，2017] は，競技力養成のためのトレーニングをはじめ，本書でも取り上げた期分け論（ピリオダイゼーション）を含めたトレーニング計画論などが網羅されています．また，勝田隆著，友添秀則監修『スポーツ・インテグリティの探求──スポーツの未来に向けて──』[大修館書店，2018] では，スポーツ・インテグリティの定義，インテグリティを保護・強化するためのこれまでの取組み，今後の提案などが丁寧に記され，大変分かりやすい本になっています．

Chapter 5 では，総合型地域スポーツクラブを例に，クラブが手掛ける地域のスポーツ活動の実際とその舞台裏（人の動き）などが展開されました．今後は，ミッションとする地域課題の理解なども必要となります．黒須充・他編著，NPO 法人クラブネッツ監修『ジグソーパズルで考える総合型地域スポーツクラブ』[大修館書店，2002] は，総合型地域スポーツクラブの考え方や具体的な活動事例について，実践的な視点に基づいて書かれています．「そもそも総合型地域スポーツクラブとは」という読者の問いに答えてくれる一冊です．西川正著『あそびの生まれる場所──「お客様」時代の公共マネジメント──』[ころから，2017] は，「あそび」「公共」「コミュニティ」をキーワードにして，皆が主役となってまちづくりを進めていくための術を考えるうえで，大きなヒントを与えてくれます．

Chapter 6 では，スポーツとまちづくりをテーマに，スポーツがまちづくりのプロセスを明示する機能を持つことが提起されました．佐藤滋・他編著『まちづくり教書』[鹿島出版会，2017] では，まちづくりとは何を指すのか，その定義や実践の方法，将来的な展望などが紹介され，スポーツにおける地域活性化を検討する際に参考となるでしょう．また，目の前にある人々の関わりを紐

解いていくことを学ぼうとする際には，前田泰樹・他編著『エスノメソドロジー──人々の実践から学ぶ──』[新曜社，2007] を読んでみるのも良いでしょう．

Chapter 7 では，スポーツとメディアがテーマでした．スポーツとメディアを考えるときは，スポーツのみならず，社会やメディアの状況を広く理解しておくことが大切です．北田暁大著『増補 広告都市・東京──その誕生と死──』[ちくま学芸文庫，2011] と佐々木裕一著『ソーシャルメディア四半世紀：情報資本主義に飲み込まれる時間とコンテンツ』[日本経済新聞出版社，2018] は，スポーツビジネスに関心がある人にとっても大きな示唆を与えてくれる本になると思います．

Chapter 8 では，スポーツそのものの楽しさに触れることの意味を考えていくうえでのヒントが数多くありました．M. チクセントミハイ著，今村浩明訳『楽しみの社会学』[新思索社，2001] は，スポーツに限らず仕事や何気ない日常の行為なども含めて，生きることとフロー・楽しさとの関わりを学ぶことができます．また，スーザン・A. ジャクソン・他著，今村浩明・他訳『スポーツを楽しむ──フロー理論からのアプローチ──』[世界思想社，2005] は，スポーツに焦点化してフローの要点がまとめられています．また，部活動，競技スポーツをしている場合にも，取組み方や考え方の参考になるでしょう．

本書を含めこれら「おすすめの一冊」をきっかけに，皆さんとスポーツの関係性が変わるかも知れません．変わらずとも，スポーツの多面的な見方をきっと可能にするはずです．

現代のスポーツは，科学の発展と横並びに普及や進展が図られてきました．本書で紹介があった通り，体育（身体教育）の系譜をもつ日本のスポーツは，生涯スポーツ時代に入り，より多くの人々が様々な形で触れられることを保障

し，享受される事柄を科学的に検証（実証）することを繰り返すことで，その価値を高めてきたともいえます．一方で，より身近なスポーツ環境に目を向けると「なぜ体罰は無くならないのか」「どうして人が集まらないのか」「なぜ，……」と，まだまだ多くの素朴な疑問が転がっていることに気づきます．

　本書が目指したスポーツの「社会学的な見方」は，そういった疑問や違和感から出発し，様々な視点による観察（観測，ときに実測）からスポーツと社会の関係を紐解くことにありました．加えて，本書の特長は，冒頭も述べたように社会学のみならず経済学，教育学，人類学などの視点も借りて，スポーツを社会科学として見つめているところにもあるでしょう．各章とも，スポーツをめぐる生活の中で，一見“あたりまえ”に目に映っているような場面（現象）にも，様々な課題と向き合っている人々と他者や組織との営みが丁寧に説明されていると自負するものです．

　スポーツに励み学ぶ学生の皆さん，スポーツに長く親しみたい方，親しんでいるからこそ苦しんでおられる方，これからスポーツを始めてみようという方が一読され，より良いスポーツ環境づくりへの契機や一助となることを願います．

　本書の編集および出版にあたり，株式会社晃洋書房編集部の丸井清泰さん，坂野美鈴さんに大変ご尽力頂きました．末尾ながら，衷心より御礼申し上げます．

　2019（令和元）年7月

執筆者を代表して

神 野 賢 治

索　引

〈あ〉

アーティスティック・スイミング　17
アスリート　75
　　──ファースト　78
アスレティシズム　7
遊び　188
アンチ・ドーピング　90
　　世界──機構　90
　　世界──規定　90
　　日本──機構　91
　　日本──規定　91
移行期　85
一貫指導　111
一般的準備期　85
移動　140, 188
イベントサービス　68
インターセックス　13
インターネット　180
ウィニングセカンド　78
受け手　180
運動
　　──会　53
　　──固有の特性　39
　　──部活動　25, 51, 147
　　　　──での指導のガイドライン　61
　　　　──の在り方に関する総合的なガイドライン　61
　　体つくり──　39
衛星 TV 放送　163
SNS（ソーシャルネットワーキングサービス）　181
NHK　162
NPO　127
　　──法人　106
エリアサービス　68
エンパワーメント　152
送り手　180

〈か〉

おらが町　174
オルグリューテ IS　82

階級・経済　18
解釈　164
ロジェ・カイヨワ　34
学習結合　71
学習交換　71
学習指導要領　20, 26, 57
学習社会論　52
学習内容　39
カット　165
観光資源　140
観光社会学　140
観光のまなざし　143
キャスト（登場人物）　165
客観性　162
教育
　　──課程　29
　　──観　6
　　──的価値　84
エリート教育　7
シティズン・シップ教育　51
教員勤務実態調査　61
競技間トランスファー　75
競技継続意欲　78
競技達成度　86
行政主導　117
行政論理　127
共通の記憶　163
郷土愛　180
共同体　130
協働　119, 130
筋力　3
クラブ　51
　　──サービス　68
　　──ハウス　113

――文化　54
――マネジャー　113
必修――　59
経験主義　30
公共　127, 183
――財　154
――スポーツ施設　112
――性　183
――の福祉　117
高強度トレーニング　84
高校野球連盟　1
合同部活動　62
校友会　28
功利原則　195
交流人口　140
高齢者　18
国際オリンピック連盟　91
国際陸上競技連盟（IAAF）　13
告示　29
国民生活時間調査　163
国民体育大会　79
互酬性の規範　135
互助の精神　135
個人視聴　163
コミュニケーション様式　181
コミュニティ　106, 127, 181
――・ビジネス　106
コモンズ　123
娯楽　183
コンパクトシティ戦略　128

〈さ〉

サービスプロダクト　140
再参加意欲　139
サムライブルー　1
Jリーグ　128
ジェンダー差　1
自己義務　95
自己開発　52
自己効力感　78
自己目的的　191
自主運営　108
自主性　34
自主的　108, 127

指定管理者　112
シナジー（相乗効果）　143
自発性　34, 187
島宇宙化　183
市民マラソン　136
社会貢献活動　129
社会性　181
社会的企業（ソーシャル・ビジネス）　106
社会的な効果　130
柔軟性　3
住民主体　116
受益者負担　113
主体的　108
手段的な価値　39
種目間トランスファー　75
消費動向調査　163
勝利至上主義　55
身体能力　4
信頼　135
神話　2
親和性　192
スポーツ
――・インテグリティ　90
――・ツーリズム　139
――観戦　134, 182
――基本計画　144
――基本法　57, 92
――教育　26
――社会学　25
――種目の学習　51
――振興基本計画　106
――仲裁裁判所　13
――の構造的問題　3, 10
――の手段化　63
――・フォア・オール　32
――フォーム　86
e――　19
エクストリーム――　197
エンデュランス――　200
近代――　6
ささえる――　188
生涯――　32
する――　188
みる――　188

索　引　217

──のネタ化　182
女性のスポーツ参加　8
スポーツライフ　52
成果主義　193
生活化　56
生活の質　128
世紀の対戦　10
性分化疾患　13
性別二元化　15
全国紙　16
全日本実業団選手権　88
専門的準備期　85
早期専門化　76
総合型地域スポーツクラブ　71, 105, 106
早熟化　81
双数関係　203
創造　190
相対記録　81
相対年齢効果　77
ソーシャル・キャピタル　135
組織的ネットワーク　123

〈た〉

体育
　　──科教育学　25
　　──施設開放　68
　　──の目標や内容　29
ダイジェスト番組　164
大衆化　55
大衆社会　8
タイトル　165
　　──IX（ナイン）　8
体力　3
　　──づくり　31
　　──テスト　3
　　──の筋力化　4
多種目　54, 108
多世代　108
多チャンネル化　164
楽しさ　188
タレントプール　78
男女格差　9
男女同権運動　11
ダンス　20, 39

男性優位な基準　5
地域課題　112
地域社会　129
チーム　51
　　──スポーツ　7
チクセントミハイ　189
地方紙（県紙）　161
地方紙（ブロック紙）　161
つながりの社会性　181
テストステロン　12
伝統的な甲子園野球像　179
toto　117
東京オリンピック　57
投稿の大衆化　181
ドーピング　90
　　──違反　90
　　──規定　16
　　うっかり──　93
特別活動　57
トップアスリート　75, 188
トランスジェンダー　12
トレーニング周期　84

〈な〉

なでしこジャパン　1
日常　189
日本創成会議　144
熱闘甲子園　164
ネットワーク　135

〈は〉

パイディア　38
パブリック・スクール　6, 26, 54
Battle of the Sexes　11
パブリックビューイング　129, 132
早生まれ　77
ハンぎょボール　145
ヒーロー　170
ビジョン　117, 152
非日常　189
平等　9
深いフロー（deep flow）　190
プラットフォーム　153
フリーダイビング　197

プレイ　26
　──欲求　66
　──論　33
フロー　189
　──の疎外　192
　小さな──（microflow）　190
　深い──（deep flow）　190
プログラムサービス　68
プロット（物語のキー）　165
文化　5
　──的価値観　9
　──的環境　18
　──的享受　27
　男性優位の──　5
分断された人間　52
ベースジャンプ　197
ヨハン・ホイジンガ　33
ボイス（直観の声）　198
法規　29
ホスピタリティ　139
ボビー・リッグス　11

〈ま〉

マクロ周期構造（期分け）　84

マクロレベル　165
マスコミュニケーション　162
マスターズ　111
マスメディア　162
まちづくり　127
満足度　139
ミクロレベル　165
ミッション　110, 152
民主主義　30
民放テレビ局　164
物語の構造　170

〈や・ら・わ〉

ゆるスポーツ　145
ルドゥス　38
レディネス　86
連携　119
ローザンヌ宣言　91
ロバート・.ハッチンス　52
ワールド・エスキモー・インディアン・オリン
　ピック　20

■ 執筆者紹介 （＊は編著者，執筆順）

岡 田　　桂 （おかだ　けい）【Chapter 1】
1972 年生まれ.
筑波大学大学院博士課程人間総合科学研究科中途退学.
現在，立命館大学産業社会学部教授.
主要業績
『クィアと法──性規範の解放／解放のために──』（共著），日本評論社，2019 年.
「"不完全に"クィア──性的少数者をめぐるアイデンティティ／文化の政治と LGBT の「生産性」言説がもたらしたもの──」『年報カルチュラル・スタディーズ』7，2019 年.
『海を渡った柔術と柔道──日本武道のダイナミズム──』（共著），青弓社，2010 年.

小 坂 美 保 （おさか　みほ）【Chapter 2】
1976 年生まれ.
岡山大学大学院教育学研究科修了，奈良女子大学大学院人間文化研究科博士後期課程単位取得退学.
現在，神戸女学院大学准教授.
主要業績
「市民からみた新しい都市空間としての公園への期待と利用（特集 明治 150 年：生きている近代化遺産としての公園）」『ランドスケープ研究』82（3），日本造園学会，2018 年.
「「体力」の語られ方に関する研究─日本における体育・スポーツ振興政策を手がかりに」『SSF スポーツ政策研究』3（1），笹川スポーツ財団，2014 年.
「近代日本における都市と身体に関する研究序説──明治・大正期の公園を手がかりに──」『スポーツ社会学研究』11，日本スポーツ社会学会，2003 年.

池 川 哲 史 （いけがわ　てつじ）【コラム ①】
1960 年生まれ.
順天堂大学大学院体育学研究科修士課程修了.
現在，京都先端科学大学健康医療学部健康スポーツ学科教授.
主要業績
「スポーツコーチングにおけるインテグリティに関する社会学的研究」『京都学園大学総合研究所所報』20，2019 年.
「グローバルスポーツキャリア育成のシステムマネジメントに関する実践的研究」『京都学園大学総合研究所所報』19，2018 年.
日本陸上選手権（1981 年）砲丸投げ優勝，アジア陸上選手権（1981 年）砲丸投げ日本代表.

松 田 雅 彦 （まつだ　まさひこ）【Chapter 3】
1963 年生まれ.
大阪教育大学大学院教育学研究科保健体育科教育学専修.
現在，大阪教育大学附属高等学校平野校舎教諭.
主要業績
『総合型地域スポーツクラブの時代　学校と部活の協働』（共著），創文企画，2007 年.
『新学習指導要領による高等学校体育の授業（上巻）』（共著），大修館書店，2001 年.
『スポーツ文化と教育』（共編著），学術図書出版，1997 年.

杉 林 孝 法 (すぎばやし　たかのり)【Chapter 4】
　　1976 年生まれ.
　　筑波大学大学院人間総合科学研究科体育科学専攻博士課程単位取得満期退学.
　　現在，順天堂大学スポーツ健康科学部先任准教授.
　　主要業績
　　「三段跳　17m15　日本記録へのチャレンジ」『陸上競技学会誌』，2018 年.
　　「スウェーデン陸上競技事情──オルグリューテ IS の試合計画と年間トレーニング周期──」，『陸
　　　　上競技研究』，2014 年.
　　シドニー五輪（2000 年），アテネ五輪（2004 年）三段跳日本代表選手.

佐 々 木 達 也 (ささき　たつや)【コラム ②】
　　1968 年生まれ.
　　早稲田大学大学院スポーツ科学研究科修了.
　　現在，城西大学経営学部教授.
　　主要業績
　　「石川県におけるトップスポーツクラブネットワーク発展のための研究──トップス広島の事例を
　　　　もとに──」『北陸体育学会紀要』56，2019 年.
　　「地方都市 J リーグクラブの成長戦略に関する研究──ツエーゲン金沢を事例として──」『金沢星
　　　　稜大学人間科学研究』10（2），2017 年.
　　J リーグ中継試合解説，J リーグ観戦者調査担当調査員　2015 年〜.

西 村 貴 之 (にしむら　たかゆき)【Chapter 5】
　　1979 年生まれ.
　　金沢大学大学院経済学研究科修了.
　　現在，金沢星稜大学人間科学部教授.
　　主要業績
　　「総合型地域スポーツクラブの発展過程とクラブマネジャーの業務実践との関係性モデルの構築」
　　　　『体育学研究』65（1），日本体育・健康・スポーツ学会，2020 年.
　　「スポーツマネジメント教育のより良い実習課題づくりに向けたルーブリックの活用」『スポーツ産
　　　　業学研究』29（3），日本スポーツ産業学会，2019 年.
　　「新しい公共を創るクラブマネジャーのあり方について」『体育・スポーツ経営学研究』28（1），
　　　　日本体育スポーツ経営学会，2015 年.

＊神 野 賢 治 (かみの　けんじ)【Chapter 6】
　　奥付参照

奥 田 睦 子 (おくだ　むつこ)【コラム ③】
1970 年生まれ.
奈良女子大学院人間文化研究科社会生活環境学専攻博士後期課程単位取得満期退学.
現在, 京都産業大学現代社会学部教授.
主要業績
"Germany's Sports Policies During the 1970s: As Seen in the Federal Government's Sports
Reports"(共著),『北陸体育学会紀要』55, 2019 年.
「ドイツにおける地域スポーツクラブへの障害者の参加のための組織間連携」『京都産業大学社会科
学系列』36, 2019 年.
『実践で学ぶ！学生の社会貢献──スポーツとボランティアでつながる──』(共著), 成文堂,
2018 年.

＊田 島 良 輝 (たじま　よしてる)【Chapter 7】
奥付参照

浜 田 雄 介 (はまだ　ゆうすけ)【Chapter 8】
1981 年生まれ.
広島市立大学大学院国際学研究科国際学専攻博士後期課程修了.
現在, 京都産業大学現代社会学部講師.
主要業績
『〈際〉からの探求：つながりへの途』(共著), 文眞堂, 2017 年.
「エンデュランススポーツの体験に関する一考察──広島県西部のトライアスリートの事例から
──」『スポーツ社会学研究』21 (1), 2013 年.
「エンデュランススポーツの実践を支え合う「仲間」──トライアスリートの互酬的実践の記述的
分析から──」『スポーツ社会学研究』17 (1), 2009 年.

大 森 重 宜 (おおもり　しげのり)【コラム ④】
1960 年生まれ.
早稲田大学大学院スポーツ科学研究科博士後期課程修了, 博士 (スポーツ科学).
現在, 金沢星稜大学人間科学部教授.
主要業績
『祭りから読み解く世界』(共著), 英明企画編集, 2018 年.
『よくわかるスポーツ人類学』(共著), ミネルヴァ書房, 2017 年.
ロサンゼルス五輪 (1984 年) 400mH・1600mR 日本代表選手.

■ 編著者紹介

田 島 良 輝（たじま　よしてる）【Chapter 7】
1973 年生まれ.
早稲田大学大学院人間科学研究科博士後期課程満期退学.
現在，大阪経済大学人間科学部准教授.
主要業績
「プロスポーツクラブの求める人材」『スポーツ産業学研究』日本スポーツ産
　業学会，28（1），2018 年
「スポーツクラブ」『スポーツ白書 2017──スポーツによるソーシャルイノ
　ベーション──』（分担執筆），笹川スポーツ財団，2017 年.
「商品としてのオリンピック」『21 世紀スポーツ大辞典』（分担執筆），大修
　館書店，2015 年.

神 野 賢 治（かみの　けんじ）【Chapter 6】
1982 年生まれ.
大分大学大学院教育学研究科教科教育専攻保健体育専修修了.
現在，富山大学人間発達科学部准教授.
主要業績
「国民体育大会の開催が地域に与える社会的インパクトに関する研究──ス
　ポーツ推進と地方文化の発展を視座に──」『2018 年度笹川スポーツ研
　究助成研究報告書』，笹川スポーツ財団，2019 年.
「大規模市民マラソンの継続的な参加要因の検討──スポーツツーリズムの
　推進──」『富山大学人間発達科学部紀要』12（2），2018 年.
「運動部活動における社会性獲得と学校諸活動への参加意欲の関連性」『北陸
　体育学会紀要』50，2014 年.

スポーツの「あたりまえ」を疑え！
──スポーツへの多面的アプローチ──

2019 年 10 月 30 日　初版第 1 刷発行	＊定価はカバーに
2021 年 10 月 15 日　初版第 2 刷発行	表示してあります

編著者	田　島　良　輝 ⓒ
	神　野　賢　治
発行者	萩　原　淳　平

発行所　株式会社　**晃　洋　書　房**

〒615-0026　京都市右京区西院北矢掛町 7 番地
　　　　　電話　　075（312）0788番代
　　　　　振替口座　01040-6-32280

装丁　（株）クオリアデザイン事務所　印刷・製本　創栄図書印刷（株）

ISBN978-4-7710-3264-4

JCOPY　〈(社)出版者著作権管理機構　委託出版物〉
本書の無断複写は著作権法上での例外を除き禁じられています.
複写される場合は，そのつど事前に，(社)出版者著作権管理機構
（電話 03-5244-5088, FAX 03-5244-5089, e-mail: info@jcopy.or.jp）
の許諾を得てください.

谷釜尋徳 編著
オリンピック・パラリンピックを哲学する
——オリンピアン育成の実際から社会的課題まで——
A 5 判 246 頁
本体 2,500 円（税別）

相原正道 著
多角化視点で学ぶオリンピック・パラリンピック
A 5 判 216 頁
本体 2,500 円（税別）

関めぐみ 著
〈女子マネ〉のエスノグラフィー
——大学運動部における男同士の絆と性差別——
A 5 判 236 頁
本体 4,600 円（税別）

川上祐司 著
アメリカのスポーツ現場に学ぶマーケティング戦略
——ファン・チーム・行政が生み出すスポーツ文化とビジネス——
A 5 判 246 頁
本体 2,500 円（税別）

相原正道・林恒宏・半田裕・祐末ひとみ 著
スポーツマーケティング論
A 5 判 128 頁
本体 1,500 円（税別）

相原正道・上田滋夢・武田丈太郎 著
スポーツガバナンスとマネジメント
A 5 判 136 頁
本体 1,700 円（税別）

相原正道・庄子博人・櫻井康夫 著
スポーツ産業論
A 5 判 120 頁
本体 1,600 円（税別）

相原正道・谷塚哲 著
スポーツ文化論
A 5 判 154 頁
本体 1,800 円（税別）

菊本智之 編著
スポーツの思想
A 5 判 168 頁
本体 2,200 円（税別）

ハリー・L. ハーキンス，ジェリー・クラウス 著／二杉茂・山下新樹・伊藤淳 訳
賢者の戦術
——すべてのバスケットボールコーチのために——
B 5 判 136 頁
本体 1,800 円（税別）

二杉茂 著
コーチのミッション
四六判 214 頁
本体 1,900 円（税別）

晃 洋 書 房

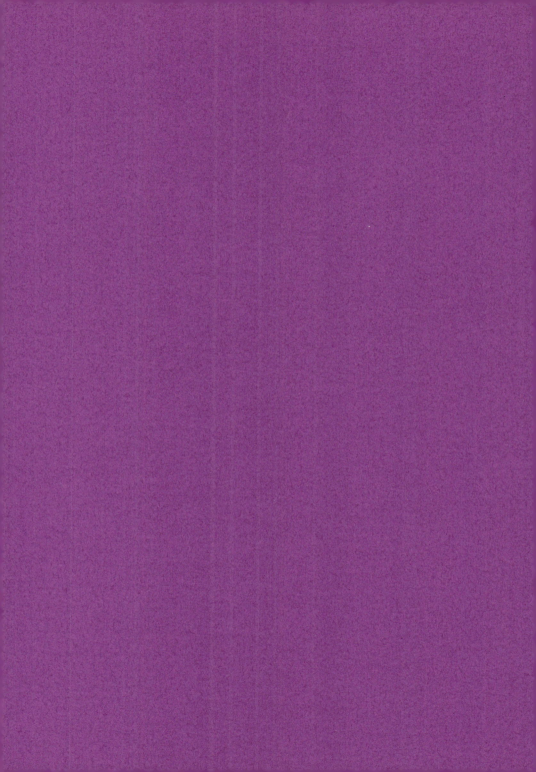